Jackie M. Johnson

Começar de novo...

...quando o amor chega ao fim

Título original
When love ends and the ice cream carton is empty

Copyright da obra original © 2010 por Jackie M. Johnson.
Edição original por Moody Publishers. Todos os direitos reservados.
Copyright da tradução© Vida Melhor Editora S.A., 2011.

PUBLISHER	Omar de Souza
EDITOR RESPONSÁVEL	Renata Sturm
SUPERVISÃO EDITORIAL	Clarisse de Athayde Costa Cintra
PRODUÇÃO EDITORIAL	Thalita Aragão Ramalho
CAPA	Julio Moreira
TRADUÇÃO	Érika Essinger
COPIDESQUE	Marcus Aurélio de Castro Braga
REVISÃO	Michelle Paiva
	Margarida Seltmann
DIAGRAMAÇÃO E PROJETO GRÁFICO	Cris Teixeira

CIP-BRASIL. CATALOGAÇÃO-NA-FONTE
SINDICATO NACIONAL DOS EDITORES DE LIVROS, RJ

J65q

Johnson, Jackie M.
  Começar de novo: quando o amor chega ao fim / Jackie M. Johnson; [tradução Erika Essinger]. - Rio de Janeiro: Thomas Nelson Brasil, 2011.

  Tradução de: When love ends and the ice cream carton is empty: what you need to know about your new beginning
  ISBN 978-85-7860-170-6

  1.Mulheres solteiras - Vida religiosa. 2. Rejeição (Psicologia) - Aspectos religiosos - Cristianismo. I. Título.

11-1643.   CDD: 248.832
                                   CDU: 27-584-058.832

Thomas Nelson Brasil é uma marca licenciada à Vida Melhor Editora S.A.
Todos os direitos reservados à Vida Melhor Editora S.A.
Rua Nova Jerusalém, 345 – Bonsucesso
Rio de Janeiro – RJ – CEP 21402-325
Tel.: (21) 3882-8200 – Fax: (21) 3882-8212 / 3882-8313
www.thomasnelson.com.br

Este livro é dedicado a todos aqueles que me deram coragem para acreditar que Deus redime a perda e a dor e restaura o coração para que volte a amar.

Sumário

Introdução   9

CREPÚSCULO
1. Pôr do sol: *lidando com términos*   17
2. O limiar da tarde: *conseguindo conforto e apoio*   31
3. O cair da noite: *Lamentando perdas*   51

NOITE
4. A meia-noite: *curando a dor emocional*   71
5. Luzes noturnas: *experimentando o amor de Deus*   91
6. Fora das sombras: *descobrindo o poder do perdão*   109

AMANHECER
7. Antes de o sol nascer: *aprendendo a esperar bem*   131
8. Primeira luz: *o acordar da esperança*   151
9. Iluminação: *restaurando a confiança e a autoestima*   175

DIA
10. Surgir: *acordando para o resto de sua vida*   199

11. Brilho: *tomando decisões mais saudáveis
    da próxima vez*   215
12. Dias mais claros virão: *vivendo na luz*   239

Notas   251
Agradecimentos   255
Sobre a autora   257

Introdução

"Embora eu esteja morando nas trevas, o Senhor será a minha luz."

MIQUEIAS 7:8

TÉRMINOS SÃO DIFÍCEIS. Quer você tenha desmanchado com alguém quer esse alguém tenha lhe deixado, términos são muito confusos, complicados e muitas vezes devastadores. Isso acontece porque nós somos designadas para o compromisso e a união, não para a separação e a desunião. Ainda assim, para muitas solteiras, nossos relacionamentos são uma série de olás e adeus — compromissos e separações — desde nossos tempos de adolescentes até estarmos de pé no altar (ou não). Nós namoramos e terminamos, namoramos e terminamos em um ciclo maluco. Muitas vezes, as pessoas que se casam e se divorciam, se veem às voltas com essas mesmas dificuldades.

Tenha você namorado brevemente ou por um longo período, a perda do amor pode ser catastrófica. A sua cabeça dá voltas com perguntas: *O que eu fiz de errado? Por que ele foi embora? Não sou merecedora de ser bem amada? E se eu nunca mais encontrar ninguém como ele novamente? E se eu nunca mais encontrar alguém?*

Um dia você está triste, no outro está com raiva, e de repente você só está anestesiada; você não sente nada porque simplesmente dói demais sentir. Talvez você se sinta rejeitada, traída ou com dor de cotovelo. Se você o deixou, talvez esteja sofrendo de culpa e vergonha. De qualquer forma, você só quer que a dor pare. Você quer a cura assim como quer respostas.

É possível passar por esse processo fragmentador sem cair em pedaços?

Sim. Afortunadamente, sim.

Se você está apenas despedaçada por um namoro, ou se ainda está no processo, *Começar de novo...* é um recurso excelente. Ele provê encorajamento e esperança em conjunto com uma percepção bíblica e ajuda prática para auxiliá-la a sair da escuridão de volta à luz e rumo a um futuro mais claro.

Cada história tem um começo e um fim. Este livro começa com um final, o "pôr do sol do coração" de seu relacionamento desvanecido, e termina com um novo ponto de partida, aterrissando em um novo começo.

Começar de novo... é uma parte integral da sua jornada pela cura. Neste livro, dividido em quatro partes, você irá acompanhar o ciclo de um dia, da escuridão à luz, como uma analogia, que faz um paralelo com o processo de cura.

"Crepúsculo" é um momento de términos. O sol e o relacionamento estão ambos desaparecendo, e você descobrirá que, infelizmente, a perda e a dor são partes da vida. Contudo, *como* você lida com os términos, como você lida com a poeira do término, de forma saudável ou não, determinará a qualidade de seus futuros relacionamentos amorosos — e da sua vida.

Introdução

"Noite" é sobre a cura da dor emocional. Você perdeu o amor, a amizade, o contato físico e a esperança de estar com essa pessoa para sempre. Você parece ter perdido a sua dignidade e o seu valor, e a sua autoestima está se escondendo. Consertar um coração partido é possível quando você aprende a processar suas emoções e descobre algumas chaves essenciais para curar a dor. Com as "luzes da noite", Deus nos atende nos momentos escuros da vida, com seu conforto, sabedoria e amor incondicional, para uma proveitosa caminhada rumo à alegria da luz do dia.

Enquanto os primeiros raios da manhã se espalham pelo horizonte, a luz do "Amanhecer" acorda a esperança. Você começa a compreender mais sobre o caráter de Deus e como ele redime as perdas e restaura a dor. A luminosidade proporciona a restauração, e enquanto você descobre sua verdadeira identidade como filha amada de Deus, ganha mais confiança e aprende a fazer escolhas mais sábias no amor.

Finalmente o "Dia" irrompe e você descobre que se desprender do passado é verdadeiramente possível. É hora de seguir em frente rumo ao futuro. Enquanto os raios de sol brilham nos cantos escuros de sua vida, você acorda novamente para as coisas importantes que havia esquecido ou deixado de lado, como gratidão, servir a outros, fazer amizades, ampliando seus relacionamentos e, talvez, até mesmo viver seus sonhos. Com a visão renovada, você não está mais se escondendo nas sombras do ontem. O resplendor está de volta, e, com o fulgor de Cristo em seu interior, você está pronta para ser luz para o mundo.

Uma das coisas mais importantes que você encontrará ao término de sua jornada rumo a um novo começo é aprender a lidar com o luto — processar emoções, não evitá-las, engoli-las ou tratá-las de forma nociva ou destrutiva. Fazer isso é essencial para seguir em frente.

De fato, o luto mal resolvido bloqueia nossas emoções, impedindo que se tornem saudáveis para o coração na área dos relacionamentos. Quando você luta com feridas emocionais e deixa que Deus se ocupe delas, pode ficar mais bem equipada para encontrar o amor saudável e duradouro que você realmente deseja.

No entanto, para lidar com as ruínas de um coração partido, muitas de nós nos voltamos para nossas comidas favoritas — como sorvetes, batatinhas fritas, chocolate, purê de batata ou pão fresco com muita manteiga — para tentar preencher o vazio e abrandar a dor. Outras perdem completamente o apetite.

Sua escolha poderia ter tomado um caminho mais sombrio, como beber para afogar a dor, drogar-se ou ter relações sexuais com alguém com quem você não está casada — outro homem errado só para sentir-se bem consigo mesma por um período curto de tempo?

Outras, como minha amiga Alice, voltam-se para os livros. Ela ama aninhar-se sob um cobertor confortável, com uma xícara de chá quente, para ler um bom livro que se relacione com o momento por que está passando — e é isso que eu espero que este livro faça por você. Conforto, sim, e muitas outras coisas mais. *Começar de novo...* é uma jornada curadora para corações, que irá levá-la da escuridão da sua dor pelo término de um relacionamento, diretamente para a luz dos dias mais claros e melhores que a esperam adiante.

A longo prazo, comida com moderação não irá machucá-la, mas não irá fazer seu coração quebrado experimentar cura. Parece satisfazer por um tempo, mas o vazio permanece — as lacunas causadas pela perda no coração, a solidão, a rejeição ou o arrependimento. O que você vai fazer para superar a dor quando o prato de comida estiver vazio?

Cure seu coração, mude sua vida

É hora de colocar o sorvete na mesa e pegar a sua Bíblia — e este livro — para superar a tristeza, ultrapassar a dor, e ir ao encontro da alegria, da vida e do amor novamente. *Começar de novo...* não é apenas sobre como curar o seu coração, mas também sobre como mudar a sua vida.

Você precisa de conforto e apoio para lidar com a sua decepção? Você quer ficar livre do que a atrapalha e seguir adiante com a sua vida? Se é isso que você quer, continue lendo.

Deus cura o quebrantamento; ele redime a perda, a dor e cura o coração para que você ame novamente. Ele restaura e transforma — a tristeza em alegria, a rejeição em aceitação, e o quebrantamento em totalidade. Aquele que a ama soberanamente pode ajudá-la a se conectar novamente — a ele, a você mesma e aos outros — e, durante o processo, descobrir o que é um amor real e saudável, para que você faça escolhas mais sábias da próxima vez.

Cada capítulo de *Começar de novo...* inclui uma pequena oração restauradora e questões para discussão, para uso em pequenos grupos, em grupos de estudo bíblico ou, ainda, para o seu uso pessoal. Dia a dia, passo a passo, e de escolha em escolha, a cura vem. A boa notícia é que, apesar das lesões na sua alma, você pode viver uma vida plena e feliz. Pode parecer "o fim", mas o seu novo começo virá.

O cair da noite está se aproximando. Mas você não precisa ter medo do escuro, pois não está sozinha. Nunca. Mesmo na luz difusa do entardecer, quando você praticamente não enxerga o caminho, a lanterna da verdade de Deus e a presença dele permanecem constantes. Ele estará com você durante a noite e guiará você à esperança, à cura e aos dias mais claros que estão por vir.

Você só precisa seguir a luz.

Parte 1:
Crepúsculo

1. Pôr do sol:
Lidando com términos

> "Para tudo há uma ocasião certa; há um tempo certo para cada propósito debaixo do céu [...] tempo de rasgar e tempo de costurar."
>
> Eclesiastes 3:1,7

O CREPÚSCULO É UM MOMENTO de transição. Enquanto o final da tarde desaparece na noite, as cores vívidas do dia se dissipam, e o sol, baixo no horizonte, lentamente mergulha na extremidade da terra. No lusco-fusco do cair da noite é cada vez mais difícil enxergar. Logo ficará escuro. Da mesma forma, o final de um relacionamento tem seu próprio "pôr do sol do coração". Adeus dia, adeus amor.

Por que os términos acontecem

Enquanto o começo da noite se instala, o entardecer se torna uma zona ambígua. Com menos luz, as coisas parecem incertas e obscuras, como o porquê do seu relacionamento ter terminado. Algumas vezes você é deixada sem respostas ou não chega à conclusão que esperava, e quebra a sua cabeça tentando descobrir o que deu errado. Ele estava indiferente, não queria se comprometer ou era imaturo.

"! Verdade! Meu caso!"

Talvez *você* é que não conseguisse mais continuar com isso, e para você simplesmente havia acabado. Talvez você finalmente tenha percebido que, no final das contas, vocês não tinham tanto assim em comum, ou que foi um mau momento ou ele encontrou outra pessoa. Talvez você saiba exatamente por que vocês se separaram, e isso a faz ficar lívida, deprimida ou ressentida. Sempre existe a explicação "eu não sei o que quero neste momento", ou o fator medo. Talvez, em sua vida, você não tenha tido bons exemplos do que é um relacionamento amoroso ou um casamento saudável, e isso a assusta tremendamente. Você está com medo de confiar porque não quer acabar em um relacionamento nocivo, disfuncional ou tedioso — ou outro que se desfaça em pedaços de novo.

Fiquei surpresa quando um homem que eu estava conhecendo melhor on-line, há alguns meses, me enviou um e-mail terminando tudo, dizendo: "Eu estava olhando a minha agenda para o ano que vem e vi que estarei muito ocupado." *Bem, então o que foram os últimos melhores quatro meses de-vamos-nos-conhecer-melhor?* Estaria ele realmente ocupado ou estaria com medo de um compromisso? Eu acho que nunca saberei.

Infelizmente, talvez você nunca saiba a verdadeira razão pela qual a pessoa com quem você outrora dividiu tudo, agora não lhe dizer nada.

Se a palavra final veio gradualmente ou se você foi pega de surpresa, términos nunca são fáceis. Katy e Will curtiram um ano de sessões de cinema "cult" aos sábados e idas ao *Starbucks* antes de Will chocá-la em uma tarde de verão quando disse que não conseguia se ver casando com ela. Mas ele ainda queria "vê-la", e Katy, não querendo perdê-lo por completo, continuou se encontrando com Will por mais seis meses — e no processo, perdeu a si mesma e a sua autoestima. Finalmente, ela não conseguiu mais aguentar a confusão emocional causada pela saudade e ausência, esperando que um dia ele voltasse. Quando ela começou a compreender mais sobre a sua dignidade e o seu valor, terminou tudo completamente.

Diferente do término prolongado de Katy, o término de Chaundra foi repentino. Darren saiu da sua vida tão rápido quanto entrou. Ele era um namorador "cometa" — queima rápido, intensamente e se apaga. Desde o dia em que se conheceram na casa da melhor amiga dela, Darren ligava para ela diariamente (algumas vezes duas ou três vezes por dia). Depois de algumas semanas em que passaram todos os momentos livres juntos, ele simplesmente parou de ligar. Sem explicação. No sábado seguinte, Chaundra viu Darren com outra mulher em um café e ficou com o coração partido.

Respondendo ao "fim"

Então, existe a sua história. Quando você termina um relacionamento significativo, talvez sinta uma centena de emoções diferentes, de alguns xingamentos, ou um desiludido "eu realmente achei que isso iria para frente", até um desesperançado "como eu vou esquecê-lo?" Você está triste, com raiva, confusa, machucada, deprimida e durante alguns dias você só quer soluçar ao lado das suas duas melhores amigas, Ben e Jerry (e os seus agrados congelados ridiculamente gostosos).

Todos respondem à perda e à dor de forma diferente. Alguns de nós levamos mais tempo para absorver as mudanças, para nos ajustar e começar novamente. Se vocês estivessem juntos por um longo ou curto tempo, você talvez tenha experimentado uma união próxima e profunda. Sua personalidade, seu temperamento e passado fazem (ou não) diferença em como você lida com a dor emocional e quanto tempo leva para curá-la.

Se foi você que terminou, pode estar machucando alguém com quem se importa (ou já se importou), e isso pode trazer uma série de emoções, desde culpa e vergonha até remorso e responsabilidade. Não importa o que o rapaz diz — como o clássico "não é você, sou eu" — ou como ele diz (pessoalmente ou por telefone, fax, carta, e-mail, mensagem ou outra mídia eletrônica), o seu relacionamento terminou. Fim de jogo. Vocês não estão mais juntos. E agora?

Como você "supera isso"?

Quando o assunto são términos, todos à sua volta provavelmente terão uma opinião, mesmo seus amigos mais bem-intencionados. *Esqueça isso. Existem outros peixes no mar. Eu nunca gostei dele mesmo. Você é uma garota tão legal, tenho certeza de que irá encontrar alguém. Esqueça isso.* Mas como?

Talvez você não queira "superar isso"; talvez queira se encolher no sofá e chorar; talvez queira até rolar no chão, pelo menos um pouco. Talvez você não saiba o que fazer e então não faz nada. Ou pior, você encontra formas nocivas de lidar com suas perdas e tenta entorpecer ou anestesiar a dor da rejeição comendo, bebendo, comprando ou festejando excessivamente, e você termina balofa, bêbada, falida e cansada — e ainda com o coração partido.

Sem lidar com seus sentimentos, você termina carregando a bagagem do seu término para o próximo relacionamento — e para o outro também.

Então tenta revestir-se de "mulher de gelo", esforçando-se para não sentir absolutamente nada, porque dói muito sentir. Talvez você se recupere em um relacionamento relâmpago com o "príncipe-encantado-do-momento" em vez de esperar pelo verdadeiro príncipe encantado. Sem lidar com seus sentimentos, você termina carregando a bagagem do seu término para o próximo relacionamento — e para o outro também.

Como se cura um coração partido? Como você se livra do sentimento terrível de chute no estômago e se torna uma pessoa complacente, corajosa e alegre? Como você se livra... da dor... e aprende a confiar e amar novamente? Como começar de novo, especialmente quando você simplesmente não quer recomeçar?

Este livro irá abordar esses tópicos, mas primeiro veremos algumas perspectivas em términos e perdas, algumas coisas essenciais para conhecer a sua jornada de cura. Muitas vezes, nós só vemos as coisas a partir do nosso próprio ponto de vista, mas o ponto de vista de Deus é mais amplo. Ele vê o todo de nossa vida; o passado, o presente e o futuro, e ele sabe o que é melhor para cada uma de nós.

TÉRMINOS FAZEM PARTE DA VIDA

Términos fazem parte da vida. De fato, grande parte dela é feita de começos e términos, transições e mudanças, perdas e novos encontros. Você termina a escola ou se forma na faculdade e começa em um emprego. Você sai do emprego ou ministério para começar em um novo. Algumas vezes, você se muda de uma extremidade do país para a outra e recomeça tudo do zero. Perdas e ganhos, benefícios e malefícios, vida e morte, tudo isso faz parte da vida, e ela tem seus ciclos.

Para alguns, adaptarem-se às transições que os términos acarretam é algo calmo; para outros, é difícil e vacilante. Você não vai ficar nessa fase de desenlace na sua vida para sempre; um novo começo virá. Você talvez não saiba quando nem como, mas virá. Da mesma forma como a primavera chega todos os anos, mesmo depois do pior dos invernos.

Se você imaginava que a vida era um conto de fadas só com finais felizes, isso não é realidade. Coisas difíceis acontecem. Às vezes perdemos pessoas ou coisas que realmente apreciamos. Mas isso não significa que somos perdedoras. Eu ouvi dizer que Chuck Swindoll afirmou: "Não é o que acontece com você, é como você responde a isso que faz a diferença."

Você pode escolher ignorar a sua dor ou, em meio à sua dor e escuridão, pode olhar para a luz da verdade de Deus em busca de esperança, cura e totalidade. De qualquer forma, a escolha é sua. Como você lida com os términos ou não, irá determinar como você seguirá adiante. Os próximos capítulos irão ajudá-la a chegar lá.

ALGUNS TÉRMINOS SÃO NECESSÁRIOS

Essa é provavelmente a última coisa que você quer ouvir neste momento, mas é verdade: alguns términos são necessários. Por exemplo, se você está namorando alguém que a tratava mal, é ganho seu, e não perda, que ele não esteja mais em sua vida. Alguém que seja grosseiro, insolente ou ofensivo não é uma boa escolha para que se mantenha laços, muito menos para o resto de sua vida.

É importante discernir um comportamento aceitável — em qualquer relacionamento. Tolerar o abuso (físico ou emocional) não é aceitável. Nunca. Da mesma forma que uma planta precisa ser podada para que nela cresçam folhas saudáveis, às vezes algumas coisas têm de ser cortadas de nossa vida para que possamos ser curados e florescer. Por outro lado, talvez o rapaz fosse maravilhoso, mas não era a melhor opção, não a opção de Deus para que se tornasse seu companheiro no casamento.

Os términos fazem parte da vida, mas Deus não vai deixar você em meio ao desespero. No tempo certo, ele irá guiá-la para um novo recomeço.

Términos machucam, mas Deus cura

Você já viu um copo se quebrar e espalhar-se pelo chão? Milhares de pedacinhos minúsculos se espalham e deixam tudo uma bagunça. Você se pergunta como vai conseguir limpar a desordem ou reconstruir o copo novamente.

Possivelmente, neste momento, você se sinta como se o seu coração estivesse fraturado, assim como um copo quebrado. Felizmente, o mestre é especialista em colar esses cacos. Da sua maneira e no seu tempo perfeito, Deus restaura os fragmentos estilhaçados de uma alma quebrada. No tempo certo você será capaz de deixar o passado e se agarrar a uma fé que irá levá-la da tristeza para a alegria, da morte para a vida, do medo para a fé, da rejeição para a aceitação, da escuridão para a luz.

Existe mais à sua frente — muito mais. "Olho nenhum viu, ouvido nenhum ouviu, mente nenhuma imaginou o que Deus preparou para aqueles que o amam" (1 Coríntios 2:9).

A CURA LEVA TEMPO — E MAIS

Não se engane pensando que apenas o tempo cura todas as feridas. É o poder de Deus que cura você, e ele usa muitos caminhos para trazer a cura: o tempo, o amor e o cuidado pelos outros, às vezes a leitura de um livro, um sermão que você ouve, sua atitude e ações e outras coisas mais.

Deus faz a parte dele e nós fazemos a nossa. A nossa parte começa no momento em que nos fazemos presentes e fiéis.

Claro, cada relacionamento é único, assim como o seu processo de cura — *como* acontece e a *quantidade de tempo* que leva — será diferente para cada um.

Junto a isso, pessoas que sofrem amarguras porque não foram curadas no passado (seja na infância ou em relacionamentos anteriores), precisarão de mais tempo para trabalhar durante o processo de restauração do coração. Talvez sejam necessários poucos meses para que sua amiga supere uma separação, e você talvez leve um ano. Os métodos e o tempo de Deus são únicos para cada circunstância. A coisa mais importante é: não apresse o processo de cura.

Se essa é a sua primeira grande separação, ou se é a décima quinta, superá-la dói. A quantidade de tempo que você gastou no relacionamento, e o quão próximos ambos estavam, tanto emocional quanto fisicamente, fazem parte do tempo necessário para que a dor no peito cesse e você siga adiante. Leva tempo habituar-se a ficar sozinha novamente. Você talvez necessite de um período de ajuste e de reparo emocional para se tranquilizar depois que uma onda tenha virado o seu "barco do amor". Mesmo um barco precisa de algum tempo em um porto seguro para ser reparado e navegar novamente. Haverá novas aventuras adiante, mas agora é hora de reparar o coração.

A LUZ SUPERA A ESCURIDÃO

Quando falta energia e as luzes se apagam em sua casa, sua reação natural é pegar uma lanterna para que você possa enxergar. Quando coisas difíceis acontecem, as pessoas muitas vezes ficam tentadas a esconderem-se ou retirarem-se rumo à "escuridão" do isolamento, da depressão ou do pecado, em vez de alcançar a fonte da sua luz espiritual para iluminar a escuridão emocional de seus corações. Elas não querem lidar com as coisas que imaginam serem capazes de oprimi-las ou então, simplesmente, não possuem os recursos para lidar com sensações intensas.

Dor, raiva, ressentimento e traição são questões espinhosas. A rejeição machuca e a perda do amor e da afeição algumas vezes pode nos levar a tomar loucas atitudes. Sem a luz da verdade de Deus para nos guiar e nos curar, somos fortemente atraídos na direção de hábitos nocivos e tentamos encontrar nossas próprias soluções temporárias, prejudiciais e ineficazes para aliviar a dor.

Um amigo me disse certa vez: "Quando no escuro, não se esqueça do que aprendeu quando esteve na luz." Em outras palavras, lembre-se das boas promessas de Deus que você aprendeu nos bons momentos, quando tempos difíceis chegarem. Jesus disse: "Eu vim ao mundo como luz, para que todo aquele que crê em mim não permaneça nas trevas" (João 12:46).

A luz sempre supera a escuridão. Com a Luz do Mundo, Jesus Cristo, você pode ser encorajada, equipada e fortalecida para a jornada através dos estágios da cura e para encontrar a restauração e a transformação.

Hora de curar

Você talvez não acredite nisso neste momento, mas o momento em que você não mais pensará nele todos os dias chegará, e a menção do seu nome não mais transpassará o seu coração, como se fosse uma flecha verbal. Você poderá passar por aquele lugar, que já foi tão especial para os dois, e ele não terá mais influência sobre você. Será apenas um lugar. Você sabe quem é, sabe o que quer e estará tudo bem. Você conhece o amor de Deus e ele está com você. E isso fará toda a diferença.

O sol se põe, o coração se parte, mas a luz brilhante e iluminadora da verdade de Deus brilhará sobre você. Assim, você se dará conta que separações são parte da vida, assim como os recomeços.

E você aprende que Deus conserta o que se quebra e traz alegria, esperança e cura. E um dia, tudo ficará realmente bem. Talvez hoje não, mas um dia. Enquanto as lágrimas descem, você descobre que tudo acontece por uma razão, mesmo quando não entende ou não gosta dela. Com olhos turvos, você eleva o olhar e sorri, assim que começa a firmar-se em seu coração que Deus realmente está no controle; ele sabe o que está fazendo, se importa e está agindo em todas as

> O sol se põe, o coração se despedaça, mas a luz brilhante e iluminadora da verdade de Deus resplandece sobre você.

coisas para o melhor, mesmo que a porta do relacionamento tenha batido com força ou gentilmente se fechado atrás de você.

Uma porta se fecha, uma janela se abre e uma brisa fresca sopra sobre o desagradável odor do luto que persiste em seu coração. No meio da sua confusão, Deus a surpreende, e as coisas começam a mudar.

Um sábio chamado Salomão lembra-nos disso: "Para tudo há uma ocasião certa; há um tempo certo para cada propósito debaixo do céu [...]

> tempo de plantar e tempo de arrancar o que se plantou [...]
> tempo de derrubar e tempo de construir,
> tempo de chorar e tempo de rir,
> tempo de prantear e tempo de dançar [...]
> tempo de abraçar e tempo de se conter [...]
> tempo de guardar e tempo de jogar fora,
> tempo de rasgar e tempo de costurar."
>
> (ECLESIASTES 3:1-7)

Que tempo é este em sua vida? O fio da noite está se aproximando, e este é o momento de buscar o conforto e o apoio de que você precisa para começar o seu processo de cura.

O resto da sua vida está à espera.

ORAÇÃO

Senhor, términos podem ser muito difíceis. Eu queria que as coisas fossem diferentes em minha vida amorosa, mas, ainda assim, aqui estou eu com um coração partido. Por favor, ajude-

me, conforte-me e cure-me. Eu preciso da tua força e do teu poder — teu amor e tua luz — para atravessar este momento de trevas. Obrigada pela segurança de estar comigo a cada passo do caminho. Ajude-me a confiar em ti, mesmo quando eu não compreender. Eu sei que a cura é um processo e que leva tempo, então preciso de sabedoria para esperar o teu momento perfeito para que tudo isso ocorra de forma total. Eu escolho seguir o teu caminho de cura, das trevas para a luz, da tristeza para a alegria. Guie-me para dias mais claros e para um coração mais leve. Em nome de Jesus. Amém.

Luz para a jornada

Quando no escuro, não se esqueça do que aprendeu quando esteve na luz." Uma forma de lembrar-se da luz da verdade de Deus é cercar-se dela. Procure por versículos da Bíblia que a ajudem e escreva-os em cartões ou em papéis. Então coloque-os em lugares que você verá todos os dias, como no espelho do seu banheiro, na penteadeira ou geladeira (ou carregue-os consigo em sua bolsa ou carteira).

Quando você lê a verdade de Deus e se une a ela, será transformada. Fortaleça-se com a palavra! Aqui estão algumas para você começar:

Que aquele que anda no escuro, que não tem luz alguma, confie no nome do Senhor e se apoie em seu Deus (Isaías 50:10).

Sabemos que Deus age em todas as coisas para o bem daqueles que o amam, dos que foram chamados de acordo com o seu propósito (Romanos 8:28).

ILUMINAÇÃO

1. Identifique em que estágio você está agora: Crepúsculo (lidando com términos), Noite (curando a dor emocional), Amanhecer (o acordar da esperança) ou Dia (seguindo em frente).
2. Chuck Swindoll disse: "Não é o que acontece com você, é como você responde a isso que faz a diferença." Quais são algumas formas diferentes que você pode responder à sua situação agora?
3. Perdas não são suprimidas e ignoradas, elas são difíceis de lidar. Quais são algumas consequências que podem ocorrer caso você tente "simplesmente passar por cima disso", em vez de lamentar as suas perdas e o seu processo de dor emocional?
4. Diga uma coisa que você pode fazer esta semana para mudar a sua perspectiva com relação à sua separação.

2. O LIMIAR DA TARDE:
CONSEGUINDO CONFORTO E APOIO

"Seja o teu amor o meu consolo."
Salmo 119:76

Estava estranhamente quieto o voo do final da tarde sobre o Atlântico. Eu estava voltando para Denver, depois de uma viagem missionária e de uma visita à família na Europa. As comissárias haviam finalmente cessado toda a movimentação e diminuído as luzes da cabine.

Acendi a luz acima do meu assento e terminei de ler as últimas páginas do livro *The Sacred Romance* [O romance sagrado], de John Eldredge. Cansada, mas inspirada, fechei o livro e os olhos. Enquanto me recostava em meu assento, uma frase gentil passou várias vezes pela minha cabeça: "Descanse no conforto do meu amor." Estava clara, mas não audível, e estava fortemente marcada em meus pensamentos. *O que Deus estava tentando me dizer?*

A frase não parecia ter nenhum significado particular naquele momento, mas no dia seguinte — e pelos próximos anos — eu iria me apoiar fortemente nessas seis palavras e iria descobrir o significado real de conforto.

No dia seguinte após minha chegada, recebi um e-mail de um rapaz com quem eu mantinha um relacionamento há dois anos. Brent e eu estávamos namorando, mas estávamos afastados há meses, porém esse era o rompimento final. Ele me disse, utilizando nada mais nada menos do que uma mídia eletrônica, que "se sentiu levado" a namorar outra mulher e que essa mulher era uma amiga minha próxima. Eu estava petrificada, chocada, congelada; não conseguia compreender essa nova informação. Simplesmente não fazia sentido algum. Recebi algo como um soco duplo — rejeição e traição — e, em resultado disso, perdi dois bons amigos. Realmente, era o último adeus. Só que eu não era muito boa com adeus.

Após aquele e-mail horrível, liguei para Brent e ele veio à minha casa alguns dias depois para conversarmos pessoalmente. Ele declarou seu desejo de continuar nossa amizade, e eu o olhei como se ele fosse de outro planeta. Enquanto olhava perplexamente para ele, meus pensamentos corriam: *Você está brincando comigo? Eu achei que ia casar com você; você começa a namorar uma de minhas amigas e quer que eu seja sua amiga? Não vai acontecer!*

Dias depois, comecei a repensar as coisas e me perguntei se estava errada. Talvez eu devesse ser amiga dele, talvez fosse a coisa mais cristã a se fazer. Talvez eu precisasse colocar toda a minha dor de lado e apenas esquecer e perdoar. Eu queria fazer a coisa certa, mas estava confusa sobre o que seria a coisa certa. Então, comecei a pesquisar sobre o perdão e tentei imaginar o que fazer. Li muitos conselhos e muitos deles eram contraditórios. Era exaustivo. Enquanto isso, meu coração doía miseravelmente com as decisões dele. Havia muita coisa que eu não sabia sobre como superar uma separação.

Cada um lida com a morte de um relacionamento de uma forma diferente. Enquanto algumas mulheres sairão de um relacionamento para outro, esperando preencher o vazio que o anterior acabou de deixar, outras irão enterrar a sua dor trabalhando por longas horas. Ou nós comemos demais e tentamos mascarar a dor, ou não temos apetite algum. Algumas solteiras se isolam das pessoas (e o que elas pensam será ainda mais doloroso) ou se tornam obsessivas com relação ao relacionamento, repassando o passado o tempo inteiro.

Alguns dias após receber a notícia de que Brent estaria namorando outra pessoa, comecei a sentir o impacto do que isso significava. Nunca mais iria dividir um momento especial com ele, ou rir de nossas piadas pessoais ou beijá-lo. Ele não seria mais aquele para quem eu correria para compartilhar minhas boas notícias, ou para me ouvir depois de um dia ruim no trabalho. Estava realmente acabado. A rejeição, o choque, a perda, a tristeza, todos esses sentimentos vieram bater à minha porta. De fato, eles se enfiaram porta adentro. A ficha começara a cair, aquele era realmente o fim com Brent. Que passem os créditos. Mas não acendam a luz ainda.

Consiga estabilidade

Términos machucam, pois alguma coisa havia para ser ferida. Mas diferente de muitos ferimentos físicos, a dor é interna e você não consegue ver. Você pode, no entanto, sentir os efeitos de ser deixada; ou de deixar alguém e, normalmente, você sente esses efeitos. Não importa por quanto tempo vocês estiveram juntos ou quem terminou com quem, o estresse das emoções da rejeição, do choque, da raiva ou da traição pode ser sentido de várias formas dolorosas.

*"Da mesma forma que um ferimento físico, uma ferida emocional precisa de cuidados, de conforto e de tempo de recuperação." De fato, Provérbios 13:12 diz: "A esperança que se retarda deixa o coração doente, mas o anseio satisfeito é árvore de vida." Por mais que você queira, não pode simplesmente apertar o botão "delete" e fazer com que a dor desapareça.

Nos estágios iniciais — os primeiros dias ou semanas após um término —, é sábio proteger o seu coração, da mesma forma que você faria com um braço quebrado. Se você quebrou um osso, não vai esperar até ligar para todos os seus amigos e perguntar para eles o que fazer. Você corre imediatamente para um hospital para colocar o gesso. Por quê? Porque o gesso protege o osso de um ferimento pior e permite que o processo de cura e restauração se inicie.

A cura da dor emocional causada pelo término de um relacionamento começa quando você estabiliza a situação. É frequentemente útil ficar longe da outra pessoa, separar-se da fonte da dor, para que você previna maiores ferimentos e inicie o processo de cura.

> Eu descobri que ficar completamente distante da outra pessoa era a forma mais rápida de cura em longo prazo.

Como um gesso, impor limites ao coração ou fortificar as emoções será necessário por um tempo e possui um propósito. Não retroceda, mantendo conversas após a separação ou interagindo com a pessoa que partiu seu coração. Pode ser extremamente difícil, como, por exemplo, livrar-se de uma droga ou manter-se com a mão longe do telefone, mas será mais fácil de obter cura no final. Não ligue ou mande e-mails só para saber como ele está, e não passe por sua casa ou seu escritório. Você pode sentir-se tentada a procurá-lo e fazer contato, pois é isso que você está acostumada a fazer — é confortável e familiar —, mas a sua meta aqui não é conectar-se; é desconectar-se. A sensação é terrível, solitária e diferente. Mas isso é só parte do processo.

Se ele frequenta os mesmos grupos de solteiros que você, ou se vocês possuem vários amigos em comum, pode ser desafiador encontrá-lo em eventos. Mas você pode decidir se quer ou não comparecer. Depende de você. Se você o vir, seja educada e amigável, mas não entre em conversas profundas ou sentimentais. Isso seria como ter um braço engessado e dizer que deseja jogar *um pouquinho* de beisebol. Veja bem, não um jogo inteiro, mas só algumas tacadas. Péssima ideia. Isso causaria muito dor e impediria o seu braço de ser curado. Agora não é hora de jogar bola, mas sim de reparar o seu coração. E Deus conhece o melhor momento para você voltar ao jogo.

Claro, cada situação é diferente. Eu não estou dizendo que você deve cortar completamente todos os seus contatos para sempre. Algumas mulheres que conheço são capazes de manter uma amizade com pessoas com as quais já namoraram, mas não de imediato. Um período de separação é essencial caso você deseje manter uma amizade platônica no futuro.

Términos podem ser complicados, e você, talvez, precise ter algumas conversas antes do final. Mas use a sabedoria e a discrição. Por mais difícil que tenha sido, descobri que ficar completamente distante da outra pessoa, pelo menos no início, curava melhor em longo prazo do que um lento "se-agarrar-nos-fragmentos-que-restaram" da morte do relacionamento.

Ore a respeito disso e pergunte a Deus como é melhor para fechar o ciclo da sua separação. Uma mulher sábia tem amor próprio e não se humilha; ela sabe quando se afastar e para quem correr — para os braços do Primeiro Amor, do Grande Médico Jesus. Ele é aquele que "cura os de coração quebrantado e cuida das suas feridas" (Salmo 147:3).

Uma vez que um osso quebrado se ajusta, ele acaba consolidando. Depois que o gesso é retirado, o médico envia você para a fisioterapia para fortalecer os músculos e se você faz seus exercícios regularmente, o braço fica mais forte e funcional novamente. Para dizer a verdade, falaram-me que onde um osso se consolida, costuma ficar mais forte ainda.

Apesar de você evitar no começo, um revestimento de escuridão (o seu "gesso") pode ser uma coisa boa — um momento para esconder-se, para sarar. O refúgio nos braços do Senhor Jesus é um lugar seguro. No Salmo 91:1-4 aprendemos que:

> Aquele que habita no abrigo do Altíssimo e descansa à sombra do Todo-poderoso pode dizer ao Senhor: "Tu és o meu refúgio e a minha fortaleza, o meu Deus, em quem confio." Ele o livrará do laço do caçador e do veneno mortal. Ele o cobrirá com as suas penas, e sob as suas asas você encontrará refúgio; a fidelidade dele será o seu escudo protetor.

No Salmo 32:7 ecoa o tema abrigo protetor: "Tu és o meu abrigo; tu me preservarás das angústias e me cercarás de canções de livramento."

Deus não apenas a protege, mas também nos mostra o que fazer em seguida: "Eu o instruirei e o ensinarei o caminho que você deve seguir; eu o aconselharei e cuidarei de você" (Salmo 32:8).

Esse momento sagrado entre Jesus e você pode ser um momento especial. Alicia Britt Chole, em *Anonymous* [Anônimo], fala sobre os momentos escondidos em nossa vida. Se nos sentimos rejeitadas, despercebidas, desvalorizadas ou invisíveis, existem bons propósitos que podem surgir desse nosso período no escuro. Chole diz:

> Ali, nos espaços apertados e mal iluminados da vida (transições, esperas prolongadas, novos acréscimos à família, educação preparatória, recolocação, perdas inexplicáveis, longas doenças, conflitos insolúveis e todo o resto que tende em nos esconder), Deus constrói dentro de nós um robusto sistema de suporte para a nossa alma. Se nós não respeitamos seu artístico trabalho nessas estações chuvosas, tudo que é perceptível em nossa vida repousará em uma base frágil, e eventualmente — através do peso extra que nos é proporcionado — iremos experimentar o colapso.[1]

Esconda-se nele. Descanse nele. O Senhor está curando, consertando e reconstruindo o seu coração perdido e cansado. Agindo assim, ele também irá prover o conforto e o suporte de que você precisa.

Curando o seu coração partido

A decepção atinge a todos em algum ponto da vida, e agora você pode estar se sentindo desiludida, deprimida ou completamente irada. Tenha sido o término do seu relacionamento repentino ou gradual, sua vida tem um ritmo diferente agora.

Existem mais espaços vazios. Nenhum e-mail ou telefonema de manhã para dizer "oi", ninguém especial com quem fazer as coisas juntos ou para ouvi-la; você está sozinha novamente.

Quando a intensidade de um coração desabitado e de braços vazios chega até você, seu corpo inteiro só quer se sentir melhor. Como você irá encontrar o conforto? O que lhe traz alívio e garantia? Aqui estão algumas ideias úteis para ajudá-la a ter o consolo e o apoio de que precisa — especialmente nos primeiros dias e semanas.

Permita-se chorar

Chorar é uma resposta normal e saudável para uma situação triste. Talvez você seja uma pessoa que impeça que o choro se manifeste. Você deve achar que se começar a chorar, nunca mais irá parar. Permita-se chorar. Simplesmente deixe sair. Mesmo que você tenha de estabelecer um limite de tempo, deixar que seus sentimentos saiam pode ser extremamente benéfico.

" De fato, as lágrimas trazem limpeza e conforto. O autor e palestrante Joll Briscoe disse uma vez que "Deus nos dá lágrimas suficientes para manter nosso barro umedecido para que ele possa nos moldar". Nós somos o barro, Deus é o ceramista e está remodelando a sua vida para um propósito bom e santo. *"*

Eu me lembro de estar à beira das lágrimas nos primeiros meses que sucederam o término de um longo relacionamento. Até mesmo ir à igreja e ouvir música eram para mim gatilhos. Eu me identificava perfeitamente com os autores dos Salmos, especialmente quando um deles disse: "Minhas lágrimas têm sido o meu alimento de dia e de noite" (Salmo 42:3).

Então li algo que me deu esperanças: "O choro pode persistir uma noite, mas de manhã irrompe a alegria" (Salmo 30:5). A alegria *virá* novamente um dia! A tristeza não durará para sempre; em vez disso, um dia você não sentirá essa dor. Deixe que as lágrimas fluam e, eventualmente, a sua tristeza se transformará em um sorriso.

Em *A Message of Comfort & Hope* [Uma Mensagem de Conforto e Esperança], Eugene Peterson comenta sobre as lágrimas: "A alegria vem porque Deus sabe como limpar as lágrimas e, em seu trabalho de ressurreição, cria o sorriso de uma nova vida."[2]

ENCONTRE O CONSOLO REAL

Quando falsos consoladores deixam você emocional e fisicamente restrita, isso significa que está na hora de dizer adeus às imitações e olá para o real: o *consolo real* encontrado no "Deus de toda consolação" (2 Coríntios 1:3). O amor de Deus, sua presença e as suas palavras são dádivas que curam. De fato, algumas das primeiras escrituras que Jesus leu no templo foram do livro de Isaías e falavam de cura e consolo:

> O Espírito do Soberano, o Senhor, está sobre mim, porque o Senhor ungiu-me para levar boas notícias aos pobres. Enviou-me para *cuidar dos que estão com o coração quebrantado, anunciar liberdade aos cativos, libertação das trevas* aos prisioneiros, para proclamar o ano da bondade do Senhor e o dia da vingança do nosso Deus; *para consolar todos os que andam tristes*, e dar a todos os que choram em Sião uma bela coroa em vez de cinzas, o óleo da alegria em vez de pranto, e um manto

de louvor em vez de espírito deprimido. Eles serão chamados carvalhos de justiça, plantio do Senhor, para manifestação da sua glória (Isaías 61:1-3, grifo meu).

Sob a luz da Palavra do Senhor tudo se torna mais claro. Em uma noite, meses depois de uma traumática separação, lembrei-me do que a Bíblia dizia sobre o consolo, e assim saí de minha conformidade e fui procurar *cada referência* sobre consolo no livro. Havia em torno de setenta versículos; foi uma noite longa! Alguns deles estão listados no final deste capítulo.

Talvez seja útil e saudável olhar na Bíblia versículos que são significativos e escrevê-los em um caderno ou em cartões. Então leia-os (até mesmo em voz alta durante suas orações) para fechar, com a Palavra de Deus, brechas existentes em seu coração.

Persevere em oração

A oração é chave vital em seu processo de cura. Por que não começar cada dia orando por sabedoria, direção, cura e gentileza e terminá-lo com uma oração de gratidão e reconhecimento por tudo que ele fez por você naquele dia (se você gostou ou sobreviveu a isso)?

Imagine-se em pé diante do Senhor com as mãos estendidas e com as palmas para cima. Peça a Deus para ajudá-la a sentir-se bem com os espaços vazios que existem em sua vida agora, e a confiar nele para que encha as suas mãos vazias com coisas boas.

A adoração também traz a cura e o consolo. Mais do que apenas entoar cânticos, e adorar a Deus, coloque o foco nele e não apenas em você mesma, isso pode levá-la a níveis mais densos de amor em seu relacionamento com o Senhor. A adoração preenche o seu coração e pode levá-la a um lugar que é profundamente restaurador e bom. É o momento de preparar seu coração para ouvir o que Deus tem a dizer a você durante o culto. No momento em que você entra em sua presença, oferecendo — o seu amor, sua gratidão, adoração e seu louvor — você também termina recebendo esperança, cura, alegria e um novo encontro com Deus.

Quando o Senhor falou ao meu coração naquele avião, na noite anterior de um término inesperado e difícil, afirmando: "Descanse no consolo do meu amor", aprendi que o amor dele nunca tem fim; é infalível. No Salmo 119:76 se lê: "Seja o teu amor o meu consolo." Eu também descobri que não é apenas o amor de Deus que me consola, ele também se delicia em mim! "O Senhor, o seu Deus, está em seu meio, poderoso para salvar. Ele se regozijará em você; com o seu amor a renovará, ele se regozijará em você com brados de alegria" (Sofonias 3:17).

Quando o tempo se passou, descobri que descansar significa "parem de lutar! Saibam que eu sou Deus" (Salmo 46:10). Ele iria tomar conta de mim e curar a minha situação. Eu não precisava fazer tudo sozinha. Eu poderia aprender da mesma forma que a Nova Versão Internacional declara, "parar de lutar". Descanse no consolo daquele que a ama mais do que você imagina.

Livre-se das coisas

Pode ser de grande ajuda livrar-se das recordações da pessoa que acabou de lhe dar um fora. Claro que você talvez queira sofrer mais algumas vezes olhando as fotografias daquele que um dia foi seu "grande amor". Isso pode ser saudável para algumas pessoas. Mas é difícil continuar caminhando rumo a um novo futuro quando lembranças do seu passado ficam lhe segurando no lugar.

Se você não está pronta para jogá-las fora, coloque em uma caixa todas as fotos e objetos estimados que ele lhe presenteou, e coloque-os em um depósito até que chegue o momento certo para que você se livre deles. Talvez você também pense em apagar o número do telefone dele do seu celular, para que não se sinta tentada a fazer uma ligação desesperada em um momento de fraqueza.

Converse com amigos de confiança ou membros da família

Albert Schweitzer disse em certa ocasião: "Às vezes a sua luz se apaga e é religada por uma fagulha vinda de outra pessoa. Cada um de nós tem o direito de se lembrar com enorme gratidão, essas pessoas que reacenderam a chama para nós." Precisamos do consolo e do apoio dos nossos amigos em momentos de necessidade.

Contar a sua história pode ajudar a diminuir a dor no seu coração e trazer a cura emocional. Quando alguém ouve, nos sentimos valorosos. Quando alguém enfatiza, nós sentimos consolo e alívio. Converse com seus amigos mais próximos ou com a sua família sobre a história do seu término, não para criticar o rapaz ou para causar dano, mas para tirar isso de dentro de você — para desabafar, para que você possa encontrar liberdade e cura.

No entanto, seja seletiva sobre para quantas pessoas falar e com quem compartilhar. Pode parecer natural querer divulgar todos os detalhes de conversas que você teve com o seu ex-namorado. No entanto, alguns amigos, mesmo os mais próximos, podem dizer-lhe que simplesmente não podem ouvir a sua história mais uma vez. Eles irão preferir ouvir a versão "docemente condensada" do que aconteceu — curta e doce.

Com o tempo, você irá aprender com quem é seguro compartilhar e com quem não é. É aqui que um bom conselheiro cristão pode ajudar. Não tenha medo de procurar um conselheiro que pode ser uma ponte vital para ajudar você na travessia de onde você está para onde você desejará permanecer emocionalmente. Além disso, seus amigos podem não saber o que você quer, então diga para eles: "Eu poderia fazer uso de um abraço agora" ou "eu só preciso de alguém que me ouça um pouco", ou seja, o que for que lhe traga mais consolo e alívio. Amigos de confiança irão ouvi-la, orar *por* e *com* você e estarão lá quando você precisar de companhia.

Escreva um diário ou um caderno de anotações

Sue tinha 26 anos quando o noivado dela acabou. Ela estava devastada, mas seu pai deu-lhe um conselho útil. Ele lhe perguntou: "Por que você quer alguém que não a quer?" e a aconselhou a se distanciar. Ele também deu para ela uma placa onde se lia: "Nenhum garoto vale lágrimas. E aquele que vale, não a fará chorar — Sarah Kane, 10 anos." Sue mantém diários de oração e registra neles suas petições.

Com o passar do tempo, ela lê novamente o que escreveu e pode ver o progresso. Frequentemente, contou Sue, ela é lembrada de como coisas que pareciam tão significativas e catastróficas naquela época, sequer representavam significado para ela mais adiante na vida. Na verdade, talvez tenha sido uma bênção ela não ter recebido o que *achava* necessitar anteriormente.

Escrever os seus pensamentos e suas orações em um diário ou em um caderno pode ser muito benéfico. Quando seus sentimentos aparecem em uma página (ou mesmo digitados on-line), eles não ficam mais remexendo na sua cabeça. Você pode desabafar suas emoções, dar vazão à sua dor e fazer isso na privacidade do seu diário pessoal.

Pense em fazer a Deus estas perguntas e escrever suas respostas: Senhor, o que você quer que eu aprenda com esse relacionamento que terminou? O que você está me ensinando durante este momento de cura?

Deus tem lições de vida valiosas em cada fase de nossa vida, mesmo nos momentos mais escuros. Deus talvez tenha tesouros escondidos para você durante este momento de cura. "Darei a você os *tesouros das trevas*, riquezas armazenadas em locais secretos, para que você saiba que eu sou o Senhor, o Deus de Israel, que o convoca pelo nome" (Isaías 45:3, grifo meu).

ALIMENTE SEU ESPÍRITO

Quando o seu coração está doendo, é útil cuidar de si mesma e lembrar o que lhe faz bem. O que melhor alimentaria o seu corpo nesse momento? O que lhe traz consolo quando você precisa curar seu coração? O consolo vem de formas variadas e usa alguns ou todos os nossos sentidos:

- O *toque* do abraço de um amigo, uma massagem terapêutica ou um edredom quente ao seu redor enquanto você descansa em uma cadeira confortável em frente ao estalar da lareira.

- A *visão* da extrema beleza da criação de Deus (de férias ou bem ali, no seu quintal), ou um apartamento redecorado.
- O *cheiro* de flores recém-colhidas preenchendo a sua sala, ou um perfume novo.
- O *sabor* das suas comidas favoritas (como purê de batatas cremoso ou um chocolate quente).
- O *som* de música relaxante, a melodia de um rio correndo em seu curso ou o telefonema de um amigo gentil que é realmente bom em reanimar o seu humor.

Aqui estão algumas outras ideias de como você pode encontrar o relaxamento e o consolo:

- Tome um banho morno ou uma chuveirada quente.
- Ouça um CD de adoração.
- Traga movimento para sua vida. Vá caminhar, andar de bicicleta ou vá para a academia.
- Durma o suficiente; descansar cura.
- Alimente o seu espírito, não o seu estômago, lendo a Bíblia.
- Ore.
- Ligue para uma amiga e encontre-se com ela.
- Vá ao cinema.
- Leia um bom livro.
- Compre um bicho de estimação.
- Relaxe no sofá com velas acesas por perto.
- Coma comidas saudáveis. Evite muito açúcar; ele bagunça o seu humor.

- Equilibre o tempo com seus amigos e o seu tempo com você mesma.
- A beleza cura. Vá para lugares abertos, para a crição de Deus. Vá para uma praça na vizinhança ou vá para a água passear de *jet ski*.
- Visite um museu de arte.
- Tire férias. Mesmo se você só possa se distanciar por algumas horas, a mudança de cenário pode ser um retiro para a sua alma.

SEJA ENCORAJADA

Este é um momento de transição. Você está transitando entre ser parte de um casal para ser solteira, de "nós" para "eu". Mudanças exigem tempo e são tratadas de formas diferentes, então seja boa consigo mesma durante o processo. Quando os ventos da adversidade e da mudança soprarem no seu coração, você pode descobrir que fortes brisas fazem você ser mais forte.

Interessantemente, cientistas no Arizona descobriram isso no começo dos anos 1990. Eles criaram um ambiente fechado e controlado, chamado de Biosfera Dois, que acolheu oito pesquisadores durante dois anos.

> Crie ou encontre a beleza na vida... Alimente seu espírito descobrindo o que a consola.

Ali, eles estudaram os efeitos do ar, da água e do solo naquele ambiente e aprenderam, entre outras coisas, que as árvores precisam de vento para poder crescer fortes e altas. Sem o vento e a resistência que ele proporciona, as árvores se curvavam e rastejavam pelo chão.³ Da mesma forma, em vez de murchá-la, os ventos das suas dificuldades e decepções podem fazê-la mais forte.

E agora? Como tocar a vida? Você acorda, se veste e continua em frente. Mas você não está sozinha. Armada com a presença de Deus e com a sua Palavra, você escolhe acreditar que o que Deus diz é verdade e procura vivê-la — mesmo quando você não está se sentindo disposta a isso.

Alguns dias você irá tropeçar, em outros você se manterá firme, mas, não importa o que aconteça, você seguirá adiante, sabendo que está um passo mais perto dos dias mais claros adiante. Você pode falar com sua amiga íntima ou com membros de sua família e procurar por terapia, se preciso for. Pode escrever no seu diário e passar tempo em oração e adoração. Você pode criar ou encontrar belezas na vida e descansar o suficiente, comer alimentos saudáveis e colocar movimento em sua vida. Você não se isola, mas alimenta o seu espírito, encontrando o que lhe traz consolo.

A PORTA DA ESPERANÇA

Existe um caminho que leva à cura do coração e à recuperação do relacionamento. É a porta da esperança, e a saída é por ela. Em Oseias 2:15, o Senhor proveu uma "porta da esperança" para uma mulher com problemas e restaurou a rebelde vida dela:

> Portanto, agora vou atraí-la; vou levá-la para o deserto e falar-lhe com carinho. Ali devolverei a ela as suas vinhas, e farei do vale de Acor uma porta de esperança. Ali ela me responderá como nos dias de sua infância, como no dia em que saiu do Egito (Oseias 2:14,15).

Acor significa *problema*. Existiria realmente um caminho que leva do problema para a esperança? Na *The Message Bible* lemos: "I'll turn Heartbreak Valley into Acres of Hope" [Eu irei transformar o Vale do Coração Partido em Campo de Esperança]. Na Nova Tradução na Linguagem de Hoje se lê: "Transformarei o vale da desgraça em uma porta de esperança." Você está disposta a bater na porta da esperança e pedir que Jesus a guie em sua jornada de cura? Ele a convida. "Peçam, e lhes será dado; busquem, e encontrarão; batam, e a porta lhes será aberta. Pois todo o que pede, recebe; o que busca, encontra; e àquele que bate, a porta será aberta" (Mateus 7:7,8). Peça. Procure. Bata.

A porta tanto é uma saída quanto uma entrada. Quando você a *atravessa*, sem evitá-la ou contorná-la, você dá continuidade à sua passagem da terra da tristeza e do desespero para um lugar de alegria e restauração. Além da porta está o caminho iluminado para a esperança e plenitude.

Oração

Querido Senhor, eu realmente estou magoada hoje. Como isso pôde acontecer? Simplesmente não entendo. Estou triste, com raiva e de coração partido. Eu te dou a minha dor e lanço minhas preocupações no oceano do teu amor e consolo. Eu escolho confiar em ti e lembrar que, não importa o que aconteça, tu és fiel, gentil e bom. Mesmo quando eu não puder enxergar para onde o plano está me levando, tu ainda serás o autor de minha história. Eu preciso de ti, Senhor. Eu preciso da tua presença por perto. Ajude-me a descansar no consolo do teu amor. Restaure o meu coração despedaçado. Em nome de Jesus, amém.

Luz para a jornada

Deus tem lições valiosas para nós em cada fase de nossa vida, mesmo em momentos escuros. Na sua oração em casa, faça a Deus estas perguntas e escreva as suas respostas: Senhor, o que você quer que eu aprenda com esse relacionamento que terminou? O que você está me ensinando durante meu período de cura?
Aqui estão alguns versos-chave sobre consolo que estão na Bíblia. Leia-os em voz alta para si mesma ou escreva-os em um cartão para levar com você:

Eu, eu mesmo, sou quem a consola (Isaías 51:12).

A tristeza tomou conta de mim; o meu coração desfalece (Jeremias 8:18).

Bem-aventurados os que choram, pois serão consolados (Mateus 5:4).

Bendito seja o Deus e Pai de nosso Senhor Jesus Cristo, Pai das misericórdias e Deus de toda consolação, que nos consola em todas as nossas tribulações, para que, com a consolação que recebemos de Deus, possamos consolar os que estão passando por tribulações (2 Coríntios 1:3,4).

Iluminação

1. O que mais machuca você com relação ao fim desse relacionamento?

2. O que o choro e as lágrimas significam para você? (ex.: o choro não é aceitável; eu choro o tempo inteiro; tenho medo de chorar; acho que tenho uma atitude saudável ao derramar lágrimas etc.)
3. Que tipo de coisa você fez no passado para encontrar consolo ou amenizar experiências dolorosas de vida?
4. Quais as novas formas com as quais você pode tentar lidar e encontrar consolo agora?

3. O CAIR DA NOITE:
LAMENTANDO PERDAS

"Até quando terei inquietações e tristeza no coração dia após dia? Até quando o meu inimigo triunfará sobre mim?"
SALMO 13:2

DIZEM QUE NUNCA SE ESQUECE do primeiro amor. Eu nunca irei esquecer o meu primeiro grande término. Dizer adeus para o Matt não foi como terminar um romance escolar ou me restabelecer da separação de um garoto com o qual eu havia ficado algumas vezes. Ele foi o primeiro de muitos na minha Liga de grandes términos.

Eu conheci o Matt em nosso grupo de solteiros da igreja alguns anos depois de ter terminado a faculdade. Durante o nosso primeiro encontro, em um outono, descobri que o Matt era interessante e uma pessoa fácil de conversar. Ele era maduro em sua fé. Era gentil. Ouvia com atenção, e (glup!) ele fazia perguntas sobre *mim*. Apesar de não ficar completamente apaixonada por ele logo de cara, comecei a gostar mais dele a cada vez que nos encontrávamos nos meses seguintes, e ele continuou a me perseguir.

No final de uma tarde, durante a primavera seguinte, nós pegamos um caminho por entre as árvores para curtir a calma relaxante e os últimos momentos antes de o sol se pôr. Eu me sentia bem sobre como as coisas haviam progredido entre nós e, enquanto caminhávamos de mãos dadas, disse que eu estava disposta a prosseguir adiante com ele. Matt pareceu entusiasmado e nós caminhamos de volta satisfeitos e alegres.

No dia seguinte, ele terminou o relacionamento.

O quê? Por quê? Eu estava chocada. Matt me disse que, uma vez que eu havia decidido que estava "dentro", tinha de dar para trás porque *ele* não estava pronto para assumir um compromisso — ele desejava a mulher que o havia deixado antes de mim, e permanecera assim durante todo o nosso relacionamento. Ele ainda acreditava que ela era "a mulher" para ele (apesar de saber que, agora, ela está namorando outra pessoa) e não poderia ficar comigo se ainda houvesse alguma chance de poder reavê-la.

Como um tornado nas pradarias do Kansas, as emoções rodavam sem controle em minha cabeça: eu estava perplexa, confusa, magoada, com raiva e triste. Esquecia-me de comer, às vezes, e perdi muito peso. Não conseguia dormir direito e chorava frequentemente. Uma vez que esse havia sido meu primeiro grande término, não sabia o que fazer para que a dor fosse embora ou como processar essa dor de forma saudável.

Mesmo depois do meu segundo fora, alguns anos depois, fiquei melancólica por meses. Ver alguém que se parecesse com o Chad, ou sentir o cheiro do perfume dele em um estranho, deixava minhas emoções reviradas. Fiquei ligada a esse rapaz por mais de um ano, esperando que ele mudasse de ideia e voltasse. Em vez disso, ele se casou, divorciou-se e agora estava vivendo com uma mulher em algum lugar a oeste das Montanhas Rochosas. A fé dele havia claramente

tomado uma direção diferente, e eu poderia ver facilmente que ele não era o homem certo para mim e que Deus estava me protegendo de mais dor.
Muito mais dor.

Curar-se é uma jornada

Curar-se de um coração partido é uma jornada — da tristeza para a alegria, da raiva para a paz, da rejeição para a aceitação, do quebrantamento para um nível maior de plenitude — e a estrada para a recuperação é diferente para cada um. Isso acontece porque a perda é diferente para todos. Aliás, a perda é pessoal. *Como* você supera a perda de alguém que um dia você gostou ou amou e *quanto tempo* isso leva irá variar.

É importante perceber que a cura acontece *na jornada*, não no destino. As lições que você aprende durante o caminho e as escolhas que você faz podem mudar e transformar a paisagem do seu coração. Mas lembre-se: é um processo, e a cura leva tempo. Você não deixa imediatamente a Terra da perda e da dor e chega à Terra da alegria e da paz assim, de uma vez. A cura do coração acontece passo a passo, uma escolha por vez e um dia de cada vez.

Por fim, depois do meu terceiro término da Liga de grandes términos, fui ver um conselheiro cristão. Ele me forneceu algumas visões úteis e abriu meus olhos para formas pelas quais eu poderia processar a dor. Um dia, depois que o meu conselheiro e eu havíamos orado juntos, fui para casa e escrevi a história do meu último término — onde eu estava e para onde estava indo, para um lugar melhor, de cura e esperança. Enquanto você lê isto, pense sobre a sua própria separação e como ela é uma jornada *de* um lugar de dor e finalizações *para* um lugar de alegria e novos começos. Você está indo para algum lugar, não está sozinha e não precisa ficar nesse lugar de dor para sempre. Se você escolher embarcar em sua própria jornada pela cura — lamentar suas perdas e processar a sua dor emocional — você nunca mais será a mesma.

A HISTÓRIA DO DESERTO

Não era um dia comum de chuva; era um aguaceiro. Eu estava dirigindo sozinha em um lugar que não me era familiar, enquanto uma chuva pesada batia no para-brisa do meu carro. Os limpadores não estavam dando conta da cachoeira que caía do céu e em minha vida.

Eu estava me sentindo estressada e perdida depois de um término de relacionamento, mas não sabia como sair da tempestade e entrar diretamente no sol. Precisava de direções e de uma saída da minha dor. As nuvens cinzas assustadoras não davam sinal de que iam abrir, e a chuva caía pesadamente. Eu não conseguia mais ver a estrada à minha frente; tinha de parar no acostamento.

Enquanto me aproximava do acostamento, um policial apareceu, de pé na chuva. Eu baixei o meu vidro e perguntei: "Como faço para sair desta tempestade?" Ele se abaixou até ficar no mesmo nível que eu e respondeu: "Continue seguindo" e apontou para frente.

Incerta, perguntei: "Tem certeza? Tem certeza de que este é o caminho?" Ele sorriu e disse: "Sim, continue em frente. Este é o caminho." Eu insisti. Precisava saber com certeza que estava indo na direção certa. "Tem *certeza*?" perguntei novamente. Ainda sorrindo ele pacientemente respondeu:

"Sim, eu já estive naquela direção muitas vezes. Aquele é o caminho." Ele parecia saber o que estava falando. Subi o vidro e dirigi, sempre em frente, através da tempestade. Se *ele* já havia percorrido aquela estrada, então eu sabia que, eventualmente, também iria sair daquele lugar melancólico e encontrar o brilho do sol novamente. Eu dirigi.

De repente, parou de chover. Eu havia dirigido na chuva por tanto tempo que a parada repentina me deixou boquiaberta. Parei o carro no acostamento e saí. Eu estava maravilhada em ver o céu claro e azul novamente!

A chuva havia realmente terminado, mas eu não estava preparada para a visão à minha frente. Eu estava em cima de um planalto e podia ver nas milhas que se estendiam à minha frente um vasto deserto com uma estrada sinuosa. Não era um deserto arenoso com dunas, como o Saara; era rochoso, árido e vazio. Uma estrada sinuosa serpenteava de onde eu estava, através do deserto, e levava a uma terra distante com árvores verdes e exuberantes, montanhas e lagos. Estava surpresa com o fato de conseguir ver assim tão longe, enquanto ponderava sobre o contraste do deserto quente e árido com as cenas das montanhas frias que estavam à frente.

Havia uma linha distinta dividindo onde terminava o deserto e onde a cena próspera começava. Só podia ser a minha Terra Prometida, o meu lugar livre de dor e com dias melhores. Mas para chegar lá, parecia que teria de atravessar aquele lugar desolador primeiro.

Eu estava confusa e um pouco decepcionada. Havia acabado de dirigir através de uma tempestade terrível e estava completamente cansada. Agora teria de atravessar um deserto? Eu não estava a fim. Fechei os olhos e orei: "Senhor, não quero atravessar um deserto. Eu acabei de sair de uma tempestade."

"Eu estarei com você."
"Mas estará quente," repliquei.
"Eu serei o seu ventilador."

Eu tinha de tomar uma decisão — atravessar o deserto para poder chegar à minha Terra Prometida ou voltar para a tempestade. Escolhi seguir em frente. Era um território que não era familiar, e eu tinha muitas dúvidas sobre a estrada adiante. Com todas as curvas sinuosas, eu não teria a capacidade de enxergar do outro lado de cada uma delas, e havia muitas curvas. Como iria sobreviver? Tudo o que sabia sobre o deserto era que era absurdamente quente durante o dia e frio à noite. Eu iria precisar de alívio e proteção.

O Senhor disse: "Suporte."

Suporte? O que isso quer dizer? Continue andando, mas com ele. Ele seria o meu esconderijo, o meu oásis no deserto. Ele me guiaria e me protegeria. Eu não apenas iria sobreviver, mas prosperaria enquanto morasse com ele e confiasse — em uma tempestade, em um deserto ou em qualquer lugar.

Essa história foi um exemplo do que Deus estava fazendo em minha vida para me tirar de um conturbado término de relacionamento para um lugar curativo de alegria, paz e liberdade: minha Terra Prometida. Esse lugar verdejante e abundante não representava o céu, onde a dor irá embora para sempre e nós experimentaremos a plenitude completa e total. Em vez disso, essa era a vida de João 10:10, que Jesus prometeu para nós aqui na Terra quando disse: "Eu vim para que tenham vida, e a tenham plenamente."

Uma saída

Você talvez tenha ouvido falar sobre algumas outras pessoas que precisaram passar por uma experiência no deserto para conseguirem chegar a um lugar melhor. O livro do Êxodo, no Antigo Testamento, conta a história da "saída" deles da opressão e da miséria rumo a um lugar melhor.

Por 430 anos, os israelitas viveram como estrangeiros no Egito, muitos desses anos sob escravidão forçada. Então Deus chamou Moisés para que os resgatasse, mas a estrada para a liberdade tinha toda espécie de obstáculos. Moisés estava com medo e sentia-se desqualificado para o trabalho, mas Deus o lembrou: "Eu estarei com você" (Êxodo 3:12).

Primeiro, o rei dos egípcios, o faraó, recusou-se a deixar que as pessoas saíssem do país. Mas, depois de muitas pragas e mortes, ele amoleceu. Finalmente, a saída começou e mais de meio milhão de pessoas foram mobilizadas para deixar a cidade rapidamente.

Deus guiou o povo israelita por um caminho no deserto, mas ele foi à frente e proveu luz durante a noite e nuvens durante o dia, para que eles pudessem seguir em frente (Êxodo 13:21,22).

Muitas coisas aconteceram ao longo dessa jornada, da escravidão para um mundo melhor, mas por causa da desobediência e dos corações inconstantes, a viagem de 11 dias acabou se estendendo por quarenta anos.

Depois que Moisés morreu, o auxiliar dele, Josué, tornou-se o líder do povo. Ele ouviu a Deus e corajosamente liderou os israelitas através do rio Jordão, ao longo de muitas batalhas e vitórias, e finalmente cumpriu o seu trabalho — eles entraram na Terra Prometida!

Em seus últimos dias, Josué lembrou às pessoas sobre como Deus sempre cuidou deles e manteve suas promessas. "Agora estou prestes a ir pelo caminho de toda a terra. Vocês sabem, lá no fundo do coração e da alma, que nenhuma das boas promessas que o Senhor, o seu Deus, lhes fez deixou de cumprir-se. Todas se cumpriram; nenhuma delas falhou" (Josué 23:14).

A IMPORTÂNCIA DO LUTO PELA PERDA

Da mesma forma que Deus manteve suas promessas para Moisés e Josué, ele irá manter suas promessas para você. Ele estará *com você*. O Senhor sabe que você está ferida, e que não precisa passar por essa dor sozinha. Ele irá levá-la, guiá-la e prover a luz para cada passo desta jornada de cura do seu coração. Você apenas tem de confiar nele.

Uma das lições mais essenciais que aprendi na minha fase de escuridão no deserto foi a importância de ficar de luto pelas perdas — *atravessar,* e não circundar, a dor. Foi um ponto-chave para conseguir chegar à liberdade e à alegria.

Lembro-me de estar de pé em uma livraria, lendo a sinopse na contracapa do livro *The Grief Recovery Handbook* [Manual de restauração do luto], de John W. James e Russel Friedman. Foi um daqueles momentos em que um "estalo" acontece quando o seu coração diz: "É disso que eu preciso!" Um professor que usou o meu livro em suas aulas na faculdade, Bernard McGrane, PhD, professor de sociologia na Chapman University, disse: "Eu acredito que o luto mal resolvido é uma questão fundamental na vida das pessoas."[1]

Luto mal resolvido? Eu sabia que estava triste e magoada com a minha última separação. Mas nunca me ocorreu que estava de "luto" e que isso tinha de ser resolvido. O luto não servia para se superar uma morte?

Nos meses seguintes, aprendi que o luto existia em todos os tipos de perda. O professor Bernard McGrane deu nome para a tristeza profunda que eu vinha sentindo há meses.

Por que as pessoas evitam processar a dor emocional, especialmente quando as emoções são tão fortes? Por esse motivo, o personagem Sr. Griffen disse para Annie, no filme *We are Marshall* [Somos Marshall]: "O luto é desarrumado." O rímel escorre pela face quando você chora, seus olhos ficam inchados e o seu nariz fica vermelho. As suas emoções flutuam como os altos, baixos e curvas inesperadas de uma montanha russa. Não é nada belo. Mas, então, novamente, não é uma tempestade de primavera, quando as ruas inundam e o barro escorrega. Mas o luto, como a primavera — a fronteira entre a morte do inverno e a glória do verão — dura apenas uma estação.

> Eu aprendi que o luto existia para todos os tipos de perda.

Talvez você tenha visto pessoas que tentam esconder a sua dor. Elas ostentam um sorriso falso, quando, por dentro, estão morrendo emocionalmente. Como um pato nadando sobre a superfície de um lago, eles parecem calmos e serenos, enquanto por baixo eles estão patinhando como loucos, só para se manterem na superfície.

Se você está passando por uma separação difícil e quer superá-la, é importante saber o que é o luto, porque é importante processá-lo e saber como passar por ele.

O QUE É O LUTO?

Enquanto a maioria das pessoas associa o luto com a morte física, James e Friedman nos dão uma definição muito mais ampla:

"O luto é a reação normal e natural a qualquer tipo de perda."[2] Ficar de luto não é apenas bom, é necessário. "O problema" eles continuam, "é que todos nós fomos educados para acreditar que esses sentimentos são anormais e sobrenaturais".[3]

A verdade é que pessoas que passam por eventos ou perdas dramáticas, como um término de relacionamento, podem reagir de forma similar a alguém que está lidando com a morte. E isso é completamente normal. Enquanto todos processam o luto de forma diferente, existem alguns padrões frequentemente identificados ou estágios do luto.

Os estágios do luto

Choque — Você talvez se sinta imobilizada, insensível ou congelada quando ouve pela primeira vez que o seu relacionamento está se acabando.

Negação — Como forma de lidar com o luto, você pode dizer a si mesma: "Isso não está acontecendo", porque você ainda não é capaz de aceitar a realidade dos fatos ao seu redor.

Raiva — Você pode pensar: "Não é justo!" ou "Por que isso está acontecendo?" enquanto sente raiva, culpa ou ambas as emoções. Se você foi pega de surpresa pelo término e a perda foi inesperada, seus sentimentos podem ser intensos.

Barganha — Você quer fazer um acordo com Deus e tentar conseguir a outra pessoa de volta em sua vida. Você pode alegar: "Eu irei orar mais, eu prometo" ou pedir "Se eu (preencha a lacuna), você nos deixaria ficar juntos?" enquanto você barganha por outra chance.

Depressão — Neste estágio, você pode apresentar variações que vão da tristeza e da miserabilidade até a dor lancinante. Algumas pessoas têm até mesmo dificuldade em se levantar da cama, pois lhes faltam propósitos e não veem razões para começar um novo dia.

Aceitação — Finalmente, você se encontra em uma posição em que aceita a perda. Aconteceu. Você pode não gostar ou não concordar com isso, mas você aprende a viver com as coisas como elas são agora e encontra outras formas de preencher a sua vida. Atingir essa aceitação pode levar um longo tempo — meses e até mesmo anos. Mais sobre este tópico é visto no Capítulo 6, que lida com o poder do perdão.

Trabalhar pelos estágios não é um processo linear. Como uma estrada sinuosa em uma montanha com retornos, a jornada para lidar com a dor emocional não é em linha reta. Não há programação ou horários; Deus trabalha de forma diferente em cada uma de nós. Ainda assim, apesar das reviravoltas e da trama emocional por meio do progresso, lidar com a dor (não a evitando) ajuda você a superá-la.

POR QUE LIDAR COM O LUTO DA SEPARAÇÃO?

Uma vez que você está ciente dos estágios, pode escolher o que vai fazer depois. Irá você lidar com o luto da sua separação ou ficar encalhada no seu isolamento e na sua dor? A dor emocional não vai embora se você ignorá-la. Na verdade, é de conhecimento público que reter as emoções ou não lidar com elas, pode levar ao estresse elevado e à doença física.

Por exemplo: "O estresse pode levar à exaustão, fraqueza, dores de cabeça, indigestão, falta de ar, perda de apetite e insônia."[4] Os efeitos da perda vêm de formas variadas, como "choque, insensibilidade, negação, choro intenso [...] um longo período de tristeza, inquietação, apatia, lembranças do passado, solidão e distúrbios do sono."[5]

Se você responde inicialmente a uma separação com choque, insensibilidade ou negação, fatalmente o impacto total da perda irá emergir. Mas você, eventualmente, pode se reconciliar com isso e encontrar paz se agir trabalhando com a sua dor.

DESENTRANHANDO

Uma perda significativa — uma grande perda — pode ficar entranhada em seu coração se não for processada. Quando a sua autoestima falta, e você vive como se fosse sempre meia-noite, a dor pode se empilhar como lixo emocional. O luto deixado de lado, assim como a recusa em lidar com a dor ou a manutenção dos seus sentimentos dentro de si, entope o escoadouro, bloqueando as emoções assim como o caminho para a cura e a plenitude.

A dor entranhada pode também levar a comportamentos indesejados. Você está constantemente triste ou amarga e isso a mantém sempre um passo atrás de outra pessoa e então você se sente só. Você não se sente como sendo você mesma, então termina dizendo e fazendo coisas que realmente não quis dizer — como culpar outras pessoas ou avançar com raiva injustificada — e machuca os outros.

Já foi dito que se você não viver um luto adequado, permanecerá de luto durante todo o tempo. Enquanto você pode continuar fingindo bem para os amigos e colegas de trabalho, por dentro a dor persistente continua. Por outro lado, quando você expressa o seu luto e lida com ele, pode se tornar emocionalmente mais forte e saudável. Por isso é tão importante ficar de luto pelas perdas — para desbloquear o seu coração congelado para que você possa se sentir melhor, encontrar a felicidade e viver uma existência de liberdade emocional, serenidade e amor.

Está na hora de "drenar a dor" e expressar o seu luto para que você possa seguir em frente.

COMO EXPRESSAR O LUTO

Cada um melhora da sua própria maneira e no seu próprio tempo, porque o amor e a perda são únicos para cada pessoa. Aqui estão algumas ideias de como processar sua dor e liberar sua tristeza por meio do luto.

Reconheça a sua perda. Atravessar essa estação do luto e tristeza começa por meio do reconhecimento de que uma perda aconteceu. Se você o deixou, se ele a deixou ou foi um entendimento mútuo, algo que existia agora se foi.

Peça por ajuda. Ore e peça para o Espírito Santo ajudá-la a fazer o que você não consegue realizar sozinha. Com o poder do Espírito, as emoções expressas em palavras começarão a fluir, desentupindo o seu coração bloqueado. Com o tempo, você irá desentranhar tais emoções e partir para longe da escuridão do término e da dor em direção aos raios solares da restauração e plenitude. Depois de tudo: "O Senhor ampara todos os que caem e levanta todos os que estão prostrados" (Salmo 145:14).

Também peça ajuda de uma amiga próxima ou de um membro da família, que irá ouvi-la enquanto você divide a história da sua separação. Quando alguém ouve o seu coração, ouve a sua dor e testemunha o seu pesar, promove uma mudança em sua vida.

Eu nunca esquecerei como o meu bom amigo Andy ajudou-me a liberar um nível mais profundo de tristeza, advindo de um término devastador. Uma noite, depois de estudar a Bíblia, nós estávamos falando sobre o rapaz que havia me magoado. Em pouco tempo, eu era um rio de lágrimas, mas o meu cuidadoso amigo me envolveu em um abraço consolador e me amparou enquanto eu chorava. Ele orou por mim e me consolou. Nos braços de um homem que eu conhecia e confiava, senti-me triste, porém segura, e então experimentei um alívio marcante. O ato de amor fraternal genuíno dele foi um divisor de águas naquela noite, enquanto os últimos remanescentes do luto iam embora.

Permita-se estar triste. "O pesar é completamente subestimado", escreve Tim Baker em seu livro *Broken*.[6] "Às vezes", ele continua, "nós achamos que chorar é demonstrar fraqueza e que os cristãos de verdade, se forem realmente salvos, nunca deveriam sentir tristeza nem deveriam chorar".[7] Nada poderia estar tão distante da verdade. As lágrimas são uma libertação emocional depuradora de um poço que está dentro de nós e que precisa sair. Lágrimas fazem parte do desbloqueio do nosso interior e da dor aprisionada. "É como se tivéssemos de chorar para que a dor tenha para onde ir, e este lugar é para fora de nós", diz Baker.[8]

Lembre-se de que até mesmo Jesus chorou quando chegou ao local onde seu querido amigo Lázaro havia sido enterrado (João 11:35). Ele chorou mesmo sabendo que Lázaro iria ressuscitar em alguns momentos! Se Jesus entrou em luto por uma perda que logo seria revertida, certamente nós podemos nos permitir lamentar nossas perdas também.

Se você chora sozinha ou em companhia de um amigo de confiança, o Senhor sabe e se importa com as suas dores de cotovelo: "Registra, tu mesmo, o meu lamento; recolhe as minhas lágrimas em teu odre; acaso não estão anotadas em teu livro?" (Salmo 56:8).

O que você precisa liberar hoje? Você liberará a dor, o controle, a sua necessidade de ter razão, as outras pessoas que fizeram algo para você — ou não?

Reconheça o que você perdeu e o que ainda tem. Fazer uma lista das suas perdas pode ser de grande ajuda. Além de perder um relacionamento significativo, você pode ter também perdido um companheiro e sua amizade, afeição, esperanças e sonhos de futuro, confiança, controle, respeito próprio ou autoestima. Enquanto trabalhar na sua

> Deus redime a perda e a dor e sara o coração para que ame novamente.

perda pode ser devastadoramente difícil, é consolador saber que Deus redime a perda e a dor, e sara o coração para que este ame novamente. A palavra "redimir" significa "trocar, transferir". Deus é mestre em converter a dor de cotovelo, redimindo as coisas que foram jogadas fora em algo que valha a pena e que seja maravilhoso.

Pense sobre o que resta e faça uma lista dessas coisas também. Seja lá o que esta lista inclua, saiba que o amor de Deus continua. Ele se importa, consola e está perto daqueles que estão feridos. "O Senhor está perto dos que têm o coração quebrantado e salva os de espírito abatido" (Salmo 34:18).

Mergulhe na Palavra de Deus. Os Salmos oferecem um ótimo exemplo sobre como ser honesta com Deus com relação à dor, mas também como reconhecer que ele continua fiel. Pessoas que seguiram os Salmos, muitas vezes gritaram para Deus com decepção, tristeza, desejos e dúvidas. E ainda assim, eles logo foram lembrados da bondade de Deus ao guiá-los durante seus julgamentos. Os seguidores dos Salmos não estavam com medo de expressar como realmente se sentiam, ainda assim encontraram, nos momentos de dúvida, uma transição das lágrimas para a confiança, do pesar para a celebração ou do coração partido para a esperança.

No Salmo 13:2, por exemplo, Davi lamenta: "Até quando terei inquietações e tristeza no coração dia após dia? Até quando o meu inimigo triunfará sobre mim?" Então, mais tarde ele diz: "Eu, *porém*, confio em teu amor; o meu coração exulta em tua salvação. Quero cantar ao Senhor pelo bem que me tem feito" (Salmo 13:5,6, grifo meu).

O Salmo 71 revela a angústia de alguém em grande necessidade: "Não fiques longe de mim, ó Deus; ó meu Deus, apressa-te em ajudar-me" (Salmo 71:12). O escritor então encontra a esperança e louva a Deus: "*Mas* eu sempre terei esperança e te louvarei cada vez mais" (Salmo 71:14, grifo meu).

Ore. A coisa mais importante que você pode fazer para curar o seu coração partido é orar. Não precisa inserir palavras elaboradas; pode ser simples e de coração — como se você estivesse falando com um amigo, porque na verdade você o é. A oração muda as coisas — e nos muda. Se você ora sozinho, com amigos ou com um companheiro de oração, falar com Deus e ouvi-lo em um diálogo santo é essencial para a cura.

Não importam as circunstâncias, a oração é poderosa. Em Salmo 4:1, Davi disse: "Responde-me quando clamo, ó Deus que me fazes justiça! Dá-me alívio da minha angústia; tem misericórdia de mim e ouve a minha oração." Sabemos que Deus ouve nossas orações e responde como for melhor — da maneira e no tempo dele.

Mais tarde, quando Davi estava com medo, porque estava sendo perseguido pelo rei Saul, que queria matá-lo, ele orou intensa e frequentemente. Quando Deus respondeu às suas orações, ele ficou feliz! "Busquei o Senhor, e ele me respondeu; livrou-me de todos os meus temores" (Salmo 34:4). Ele não estava somente alegre, também superou e continuou a exaltar as qualidades de Deus durante o resto do versículo.

Ficar de luto pelas perdas é difícil, algumas vezes imensamente difícil, mas você consegue passar por isso. Enquanto a noite cai e a escuridão se estabelece na sua jornada pela cura do seu coração, talvez você fique com medo de seguir adiante. Mas leve a sério. O luto, assim como a noite, não irá durar para sempre. Lembre-se, você só está trilhando o caminho rumo a dias melhores. Muito melhores.

De oração em oração e de momento em momento, a cura vem. Com a luz de Cristo iluminando o caminho, as coisas começam a mudar ou você muda, ou ambos. Você começa a focar sua vida em outros eventos, lugares ou pessoas, e com o tempo você volta a ser uma versão mais alegre de si mesma, com menos tristeza e mais alegria.

Continue. Pois enquanto você processa e libera as dores de hoje, você aproxima-se mais da bondade, da liberdade e da esperança no amanhã.

Oração

Querido Senhor, me sinto péssima. Meu coração está partido e quero superar essa dor. Podes me ajudar a libertar-me disso e seguir em direção à alegria? Eu preciso do teu poder de cura e do teu amor para ir até o final. Senhor, escolho oferecer-te a minha dor e as minhas perdas. Eu deixo todas elas aos pés do teu trono e as libero. Abro mão das minhas preocupações. Esteja junto de mim nesta fase negra. Por meio dessa perda, fico grata pelo que restou — saúde, amigos, família e especialmente a tua permanência. Obrigada pelo teu cuidado, consolo e presença. Eu sei que tu estás comigo em cada passo do caminho. Guie-me, momento a momento, da tristeza para a alegria. Em nome de Jesus, amém.

LUZ PARA A JORNADA

Faça uma lista do que você perdeu por conta desse término. A sua lista das "Coisas que eu perdi" não deve conter apenas coisas, mas incluir pessoas e sentimentos. Por exemplo: "Perdi amor, afeição, alguém com quem compartilhar as coisas, o sonho de me casar com esta pessoa" etc.

Faça uma lista do que restou. A sua lista de "Coisas que restaram" deve incluir coisas positivas sobre você ou coisas pelas quais você esteja grata. Por exemplo: "O que restou para mim: Deus (que nunca me abandona), meus verdadeiros bons amigos, minha família que me dá apoio, a esperança" etc.

ILUMINAÇÃO

1. Quais são alguns efeitos de uma perda?
2. Como você geralmente lida com a tristeza? Você tem capacidade de chorar ou retém seus sentimentos?
3. O que significa ficar de luto pelas perdas?
4. Qual a sua resposta para esta citação: "Deus redime a perda e a dor e cura o coração para que ele ame novamente?" O que a palavra "redime" significa para você, com relação à cura pelo seu término?

PARTE 2:

Noite

4. A MEIA-NOITE:
CURANDO A DOR EMOCIONAL

> "Ao escolher a face da noite, dei meus primeiros passos em direção ao nascer do sol."
>
> GERALD SITTSER

O COMEÇO DE UM NOVO relacionamento é, normalmente, uma bênção. Robert Browning tinha de estar apaixonado quando escreveu poeticamente: "Deus está no céu — tudo está bem com o mundo."

Então a música *Cloud Nine* começa a tocar e, de repente, você fica tentando entender uma série de emoções desgovernadas. O que você faz com elas? Ou você deveria fazer alguma coisa com elas?

As emoções são normais. Todos nós as temos, mas nós talvez as expressemos de formas diferentes. Ou simplesmente não as expressamos. Depois de algo tão difícil quanto um término com alguém que você gostou ou amou, muitas pessoas ficam tristes, ansiosas ou com raiva. Mas a emoção por si só não é tão importante quanto *o que você faz com ela*. Por exemplo: em vez de colocar para fora, ou orar para liberar seus sentimentos, você pode — por quaisquer razões — segurar as emoções ou evitar os sentimentos.

Apesar de você talvez não querer encarar como está se sentindo, lidar com as emoções é essencial para a sua saúde emocional, física e espiritual. Não tratar ou não expressar a dor do término pode fazer com que você não siga em frente ou venha a criar um caos na sua vida amorosa. Você talvez sabote um relacionamento perfeitamente bom por causa do seu próprio comprometimento aos medos. Ou você talvez retenha a afeição e a confiança, porque outras pessoas a machucaram profundamente.

Talvez esse pareça um dos momentos mais difíceis e negros de sua vida — a meia-noite mais negra —, mas a boa notícia é que você pode se livrar da dor emocional. O seu relacionamento pode ter acabado, mas a sua vida não. Está na hora de conseguir alguma *vida* de volta à sua vida!

Por *identificar*, *expressar* e *liberar* as emoções, você pode caminhar pelo processo de livrar-se da dor no coração e ficar mais preparada para o tipo de relacionamento que você realmente deseja. Em tempo, a noite irá abrir caminho para um dia novo em folha, o seu novo começo.

IDENTIFICANDO EMOÇÕES

Chloe estava vivendo em uma nuvem de depressão há semanas. Mesmo a luz do dia parecia fraca para ela. Depois do seu término com Jared, se sentia como se estivesse em uma neblina de tristeza. Mas o que ela não sabia era que, escondida embaixo da sua melancolia, estava um carregamento de raiva.

Quando finalmente conversou com seu conselheiro cristão, aprendeu que em vez de expressar sua raiva, Chloe estava voltando-a para si mesma e isso a estava levando à depressão.

Quando criança, Chloe observou outros membros da família perdendo completamente o controle de seus temperamentos — isso era, na verdade, a raiva, mas ela não sabia disso naquela época. Então, decidiu que *nunca* iria ficar com raiva, porque não queria ser como eles. Ela guardou tudo dentro de si e pensou que estava fazendo a coisa certa.

Uma vez que identificou a emoção da raiva e aprendeu que tal sentimento compreendia uma série de emoções (desde um simples aborrecimento até um completo ataque de raiva), Chloe pôde compreender aquela turbação e aprender a expressá-la de forma saudável.

Tenho um colega de trabalho que usa ferramentas, como imagens ou fotografias de pessoas, para demonstrar várias emoções ajudando clientes a identificarem e então trabalharem os seus sentimentos. Manter um diário também pode ajudar. Enquanto você escreve sobre o que está acontecendo em sua vida por conta do término, certos temas podem surgir. Mesmo que não surjam, escrevendo em um caderno ou em um diário, você pode chegar mais perto de compreender como se sente e o que está fazendo você se sentir da forma que tem percebido: "Me sinto _____ quando _____ acontece." Por exemplo: Sinti machucada quando ele mente para mim, ou: Sinto-me enganada quando ela saiu com ele pelas minhas costas.

COMO LIDAR COM A RAIVA

Taliesha estava furiosa. Depois de namorar Marcus por *três anos*, ela perguntou se ele conseguia imaginar os dois se casando. "Eu não sei", Marcus respondeu. "Sinto como se não a conhecesse realmente", e se recusou a discutir mais sobre o assunto. Ele não queria dividir os sentimentos dele, como sempre, e pareceu também que não queria dividir a vida dele com ela. Taliesha e Marcus terminaram pouco depois dessa conversa reveladora.

Todos nós ficamos com raiva de vez em quando, e isso é normal. Mas quando nós ignoramos tal fato, o escondemos ou expressamos a raiva de forma destrutiva, então temos um problema. Deus é homem por inteiro, simultaneamente, até mesmo Jesus sentiu e expressou uma raiva justificada durante seu tempo na Terra (João 2:13-17).

É importante entender que a raiva é uma emoção secundária. Em outras palavras, antes de ficarmos com raiva, nós sentimos uma emoção diferente, primária, tal como a dor, o medo ou a frustração. Para realmente lidar com a nossa raiva, precisamos nos voltar para o que primeiro causou a raiva. Exatamente antes de experimentar a raiva, o que você sentiu?

A raiva é um sinal de que algo não está certo, e a forma que você escolhe em lidar com essa emoção faz toda a diferença. Enquanto nossos corações talvez gritem que nós fomos mal compreendidos e que ansiamos por justiça, precisamos ser guiados pela palavra de Deus e não pelos nossos sentimentos. Em Efésios 4:26,27 podemos ler: "Quando vocês ficarem irados, não pequem. Apaziguem a sua ira antes que o sol se ponha, e não deem lugar ao Diabo." Não se abra para a raiva, hostilidade, violência, crueldade ou o abuso físico ou verbal.

Aqui estão alguns outros versículos-chave que podem ajudar a manter a raiva em xeque:

> Livrem-se de toda amargura, indignação e ira, gritaria e calúnia, bem como de toda maldade. Sejam bondosos e compassivos uns para com os outros, perdoando-se

mutuamente, assim como Deus os perdoou em Cristo (Efésios 4:31,32).

Meus amados irmãos, tenham isto em mente: Sejam todos prontos para ouvir, tardios para falar e tardios para irar-se, pois a ira do homem não produz a justiça de Deus (Tiago 1:19,20).

Quem é cuidadoso no que fala evita muito sofrimento (Provérbios 21:23).

Abaixo estão algumas coisas práticas que você pode fazer para administrar sabiamente a sua raiva:

Escreva uma carta com raiva, expressando para Deus os seus sentimentos sobre o que aconteceu durante o término e/ou desde então. Nela cite, inclusive, as coisas que aconteceram durante o seu namoro, se for preciso. "Derrame diante dele o coração, pois ele é o nosso refúgio" (Salmo 62:8).

Ou, você pode escrever um tipo diferente de carta de raiva. Esse exercício ajuda você a encontrar a libertação de que precisa, mas você nunca irá enviar a carta. Enquanto escreve, imagine a pessoa com quem você terminou sentada do outro lado da mesa. Se pudesse o que quisesse para ele agora, o que diria? Se pudesse dizer qualquer coisa para ele de maneira cristã, o que diria?

Ninguém mais verá o que você escreveu em nenhuma das cartas, então pode se sentir segura em se expressar, desabafar, e se sentir livre das emoções embaralhadas dentro de você. Quando tiver terminado, pode escolher entre queimar ou rasgar a sua carta se quiser, mas nunca (nunca!) a envie.

Escreva um plano de ação raivoso. No meio de uma conversa mais acalorada, às vezes pode precisar sair para que você mesma (ou a outra pessoa) possa se acalmar e retomar os problemas mais tarde. Quando precisa pensar sobre os motivos de estar irritada, esse exercício pode ajudar. Faça uma lista do que aconteceu, se é necessário responder (talvez não) como isso a fez se sentir e algumas maneiras potenciais de responder. Então, depois de ter revisado suas opções, pode escolher o que fazer. Será de grande ajuda se você orar antes de começar. Por exemplo:

O que aconteceu? Tony constantemente me interrompe antes de eu conseguir terminar uma frase.

Eu preciso responder? Sim, me sinto como se precisasse me defender.

Como isso me faz sentir? Eu fico com raiva quando Tony não me deixa terminar o que estou falando. Eu me sinto como se ele pensasse que o que ele tem a dizer é sempre mais importante do que o que eu tenho a dizer. Sinto-me diminuída e sem importância.

Como posso responder? Quando Tony interromper o que eu estiver dizendo, posso falar: "Você pode, por favor, me deixar terminar a frase?" ou "Eu ainda não terminei." Ou eu posso passar menos tempo com o Tony. Ou...?

Também existem outras maneiras de você administrar sua raiva. Algumas pessoas acham que esmurrar travesseiros, falar com amigos de confiança, pegar a Bíblia e ler, escrever os seus pensamentos, malhar ou sair para um longo passeio a pé ou de bicicleta também ajuda. Uma boa e verdadeira gargalhada ou trazer humor para a sua vida pode fazer seu coração avançar para a alegria novamente. Encontre atividades que aliviem o estresse — sem machucar os outros.

COMO LIDAR COM A REJEIÇÃO

Não importa o quanto uma pessoa tente escolher cuidadosamente as palavras enquanto está terminando um relacionamento, a rejeição dói. Se vocês estiverem juntos por duas semanas ou dois anos, ser rejeitada pode deixá-la sentindo-se indesejável, insegura ou "menor do quê". Agora você está excluída da vida dele e talvez da dos amigos dele, amigos mútuos, ou da família dele. De alguma forma, não parece certo que você perca todo esse grupo de amigos porque vocês dois não estão mais juntos.

Quando você se sente rejeitada, é importante lembrar que existe "o que aconteceu" e "o que você diz para si mesma" sobre o que aconteceu. Muitas vezes ele não está rejeitando-a como pessoa, mas fazendo uma escolha sobre quem se ajusta melhor a ele (da mesma forma que você faz a escolha de quem se ajusta melhor a você). Junto a isso, esse homem tem os seus próprios problemas para lidar e quando ele diz: "Não é você, sou eu", talvez ele realmente esteja falando sobre as fraquezas dele.

É importante saber que não ter sido escolhida não significa que você não é aceitável. Você ainda tem valor e ainda é maravilhosa, independentemente de a outra pessoa se dar conta disso ou não. Você talvez não se sinta muito maravilhosa neste momento, mas não deixe que o que outra pessoa pensa corroa a sua noção de si própria. O Capítulo 9 é um recurso excelente para restaurar a confiança e a autoestima.

Todos nós temos necessidade de aceitação, da sensação de pertencer a alguém e de contato. Mas as pessoas que já experimentaram a rejeição ou o abandono em seu passado (ou que foram criadas em um ambiente imprevisível ou instável), podem sentir uma reação mais profunda à rejeição. Elas talvez tenham maior dificuldade em deixar que uma relação romântica termine.

Quando o passado está transbordando no seu presente, pergunte-se: "O que existe em meu passado que eu preciso trabalhar?" Talvez seja algo óbvio ou algo que aparecerá enquanto você pensa e ora sobre isso. O seu passado não precisa oprimi-la, e você pode encontrar a cura. Talvez o seu término possa ser um trampolim para impulsioná-la a fazer algumas mudanças na vida ou procurar um conselheiro cristão para lidar com o que aconteceu há muito tempo.

> Lembre-se sempre da verdade, porque *a verdade combate as mentiras como a luz se sobrepõe à escuridão.*

Não importa quem tomou a iniciativa do término, você sempre será significativa e importante aos olhos daquele que a ama mais. Lembre-se sempre da verdade, porque *a verdade combate as mentiras como a luz se sobrepõe à escuridão*. A verdade é: você é importante para Deus e ele tem amor interminável por você. Você é aceita — total e incondicionalmente. Você é a menina dos olhos dele, ele a escolheu. Você é suficiente e é *digna de ser bem amada*. Verdadeiramente, sua vida amorosa é importante para Deus. Ele ainda está no controle e está guiando você em um caminho de bons propósitos.

Jesus conhece bem a dor da rejeição e pode se relacionar com a sua dor. Isaías 53:3 nos diz: "Foi desprezado e rejeitado pelos homens, um homem de dores e experimentado no sofrimento. Como alguém de quem os homens escondem o rosto, foi desprezado, e nós não o tínhamos em estima." Sua dignidade e seu valor não foram apreciados por algumas das pessoas que ele veio salvar. Ainda assim, Jesus firmemente sabia quem ele era e para onde estava seguindo, e mudou o mundo para sempre. Se nós também pudermos firmemente entender quem realmente somos e abraçar a verdade de quem Deus é, então poderemos não apenas nos tornar vencedores, mas pessoas que transformam a vida também.

Dicas para lidar com o medo

A rejeição e o medo andam de mãos dadas. *E se eu estiver cometendo um erro em deixá-lo? E se ninguém mais me amar novamente? E se eu estiver muito velha, muito gorda, muito magra, muito entediante, não tiver uma escolarização suficiente, ou muito seja lá o que for? E se eu nunca me casar e tiver filhos? E se...?*

Os medos podem ser traumatizantes, fazendo com que você pare de caminhar para frente e de aceitar riscos no futuro. É importante saber que enquanto alguns medos têm fundamento, outros são irracionais e nunca irão passar. Seja o seu medo racional ou irracional, ele precisa ser confrontado para que você encontre alívio e vitória.

Você talvez tenha ouvido o dito "sinta medo, mas faça mesmo assim". Algumas vezes, precisamos nos forçar a vencer nossos sentimentos para que possamos fazer a coisa certa, ou chegar aonde queremos na vida. Com o poder do Espírito Santo, a coragem substitui o medo, enquanto damos um passo de fé e ficamos mais fortes, de uma forma que nunca poderíamos imaginar.

O discípulo chamado Pedro fez algo muito corajoso quando decidiu confiar em Jesus e desafiar a gravidade, andando sobre as águas. Em Mateus 14:22-33, você pode ler a descrição de Pedro e de outros discípulos que estavam em um barco distante da costa, quando viram Jesus andando sobre o lago. Eles acharam que era um fantasma e ficaram apavorados.

Então Jesus disse para que não tivessem medo e revelou que era ele. Pedro respondeu a Jesus dizendo: "Manda-me ir ao teu encontro por sobre as águas." E Jesus disse: "Venha."

Interessantemente, Pedro saiu do barco e andou sobre as águas em direção a Jesus. Mas quando ele olhou em volta e notou o vento, teve medo e começou a afundar na água. Quando começou a afundar, ele gritou: "Senhor, salve-me!"

Imediatamente Jesus esticou a sua mão para Pedro e o levantou, perguntando por que ele havia duvidado. Quando ambos haviam entrado no barco, o vento parou, e os discípulos (que estavam todos temerosos) reconheceram que ele realmente era Deus e o adoraram.

Enquanto os olhos de Pedro fitavam os de Jesus, ele se manteve firme; mas, quando seus olhos se voltaram para as circunstâncias, ele afundou. Pedro aprendeu uma grande lição sobre confiança naquele dia.

O Senhor quer que você se liberte do medo, da preocupação e do raciocínio obsessivo. Ele quer que você confie nele. Quando você o fizer, os prêmios serão maravilhosos. Em vez de medo, dúvida e pânico, permanecem a liberdade, a paz e a alegria.

A passagem 2 Timóteo 1:7 nos lembra que Deus não nos deu um espírito de covardia, mas de poder, e em 1 João 4:18 nós aprendemos que "no amor não há medo". Aqui estão alguns outros versículos para você refletir, enquanto conquista o medo:

> O Senhor é a minha luz e a minha salvação; de quem terei temor? O Senhor é o meu forte refúgio; de quem terei medo? (Salmo 27:1).

Em Deus eu confio, e não temerei. Que poderá fazer-me o homem? (Salmo 56:11).

Mas eu, quando estiver com medo, confiarei em ti (Salmo 56:3).

Por isso não tema, pois estou com você; não tenha medo, pois sou o seu Deus. Eu o fortalecerei e o ajudarei; eu o segurarei com a minha mão direita vitoriosa (Isaías 41:10).

LIDANDO COM A VERGONHA E A CULPA

Vanessa não conseguia acreditar que havia ido tão longe fisicamente com Carlos enquanto estavam namorando. Ela se orgulhava de seus valores e sempre foi capaz de estabelecer limites com os homens, pelo menos até ele aparecer. Mas Vanessa estava certa de que Carlos iria ser seu marido algum dia, e de alguma forma não parecia tão errado, se eles se casassem "algum dia". Mas eles nunca se casaram. Carlos deixou-a e começou a namorar outra garota, e Vanessa ficou devastada. A culpa não resolvida corroía a sua alma.

Talvez você se sinta envergonhada por conta das coisas que disse durante o término. Ou talvez ele a desonrasse com a forma como a tratou enquanto vocês estavam namorando, e, assim, você se sinta humilhada ou desgraçada.

A culpa muitas vezes leva à vergonha, mas é importante distinguir as duas emoções. Colocado de forma simples, a vergonha é viver na escuridão e graça é viver na luz. A culpa diz: "Fiz algo de errado." A vergonha diz: "Tem algo de errado comigo." Quando uma pessoa experimenta a vergonha, sente como se algo estivesse errado, seja isso verdade ou não.

Você talvez se sinta inadequada, incompetente ou simplesmente não tão boa o suficiente. Palavras dolorosas de outra pessoa podem fazer você se sentir menosprezada e indigna. Por conta do que outra pessoa faz conosco ou do que falamos para nós mesmas, podemos nos sentir desvalorizadas e nos culpar.

Felizmente, Deus tem o poder e o prazer de nos livrar e de nos ajudar a viver na verdade. Se fizermos algo de errado, podemos lidar com nossos próprios pecados confessando-os para Deus, admitindo o que ele já sabe. Então a restauração virá.

Nós também podemos nos livrar da vergonha, permitindo que o Senhor substitua a escuridão do medo e da vergonha pelo seu amor e sua verdade, revelando quem realmente somos. A verdade traz luz e esplendor! "Busquei o Senhor, e ele me respondeu; livrou-me de todos os meus temores. Os que olham para ele estão radiantes de alegria; seus rostos jamais mostrarão decepção" (Salmo 34:4, 5).

A culpa, por outro lado, diz: "É sua falta" e coloca o mal feito sobre uma outra pessoa, fazendo-os, ambos, responsáveis por suas transgressões, às vezes por meses ou anos. Você também pode culpar a si mesma pelo que aconteceu de errado no relacionamento.

Anos atrás eu culpei alguém por um longo tempo depois de um término doloroso. Minha linha de pensamento foi algo assim: "É culpa dele eu estar tão miserável; ele terminou comigo. Se ele não houvesse partido, eu não estaria tão triste. E se não estivesse tão triste, não teria comido tanta porcaria. E se não tivesse comido todo esse lixo, estaria muito mais magra. Então, basicamente, é culpa dele este meu ganho de peso." O caminho distorcido para o pensamento destrutivo havia começado, e não era coisa boa.

Alguns anos depois, ainda nutria ressentimento contra esse homem porque não sabia como me livrar desse sentimento. Eu estava em um quarto de hotel em Denver, me vestindo para o dia, quando ouvi um pastor falar na televisão: "Quando você irá parar de culpar outra pessoa pelas escolhas infelizes que elas fazem?" Congelei. As palavras pareciam uma "ficha" santa caindo. Claro, ele havia tomado decisões infelizes que haviam bagunçado as coisas em minha vida. Mas, como resultado, eu também havia tomado minhas decisões ruins e estava culpando-o por tudo. Finalmente me dei conta de que era hora de assumir a responsabilidade pelas minhas próprias ações e aprender a tomar melhores decisões em meus relacionamentos futuros e em minha vida.

Sinta dor, ou ela permanecerá

Em *The Wounded Woman* [A mulher magoada], Dr. Steve Stephens e Pam Vredevelt afirmam: "Negar, ocultar ou anestesiar os seus sentimentos com algum tipo de comportamento vicioso apenas prolonga e intensifica a sua dor. Isso nos impede de seguir adiante."[1] Os autores usam o exemplo de tentar manter uma bola de ar embaixo da água. Você pode tentar empurrá-la para baixo, mas ela irá forçar seu caminho para cima. "Reprimir nossos sentimentos pode nos dar uma sensação de proteção", eles continuam, "mas isso requer uma quantidade enorme de energia".[2]

> Saiba a diferença entre experimentar seus sentimentos e se deixar levar por eles.

Stephen conclui: "Permitir que os sentimentos venham à superfície pode trazer a cura e nos dar a energia extra de que precisamos para reconstruir a vida."[3] Por mais difícil que pareça, ter percepção dos seu sentimentos, "experimentá-los", certamente aliviará a dor. É o tipo de dor que cura.

Ao mesmo tempo, é importante *saber a diferença entre experimentar seus sentimentos e de ser levado por eles*. À parte de Deus, podemos deixar nossos sentimentos tomarem as rédeas, e isso quase sempre deixa a situação pior. Mesmo como cristãos, temos uma necessidade contínua de alimentar nossa mente com a verdade, em vez de sermos deformados pela cultura popular ou pelo negativismo.

É por isso que é tão essencial conhecer a Palavra de Deus. Quando chega o momento de responder, você sabe que serve a uma autoridade superior e pode levar "cativo todo pensamento, para torná-lo obediente a Cristo" (2 Coríntios 10:5), o que significa que você tem a *escolha* de entreter esses pensamentos ou não.

Por exemplo, depois de seu último término, a tentação de voltar para o seu antigo namorado pode ser forte. Você talvez queira vingança porque sabe como ele mentiu, traiu e roubou seu coração. Você quer um reembolso. Mas só porque você se sente assim, não significa que tem de deixar que esses pensamentos persistam ou atuem.

Assim como você receberia um hóspede indesejado em sua casa, você tem todo o direito de lançar pensamentos desagradáveis para fora de sua cabeça. Conduza-os para fora com a verdade de Deus, que lhe fornecerá todos os recursos de que você precisa — a força, o poder e a sabedoria divina — para fazer o que é certo em vez do que você deseja.

Se desfaça de falsas crenças

Sinta-se você com raiva, rejeitada, temerosa ou com qualquer outra emoção, pode escolher o que fazer com elas; seus sentimentos não têm controle sob você. De fato, uma das maiores chaves para processar a dor emocional é aprender a separar a verdade das mentiras, e então viver na verdade de Deus. Você pode desafiar crenças falsas, rejeitar mentiras e escolher uma vida liberta em vez de uma presa em amarras emocionais, reconhecendo as mentiras, libertando-as e então percebendo e agindo na verdade. Aqui estão algumas coisas falsas que as pessoas podem pensar sobre términos:

- MENTIRA: *tenho menos valor sem um homem.*
  VERDADE: Todos anseiam pelo amor, e este é um desejo bom e saudável. Mas esteja você em um relacionamento ou não, você tem dignidade e valor infinitos.

- MENTIRA: *eu preciso ter essa pessoa para ser feliz.*
  VERDADE: Quando você coloca outra pessoa acima de Deus, você arrisca fazer daquele que você ama um ídolo, ou o que John Eldredge, em *Desire* [Desejo] chama de uma Pessoa de ouro (você anseia por uma conexão de alma: "algo no mesmo nível de *adoração*").[4]

- MENTIRA: *ele é "meu".*
  VERDADE: Você não é dona de ninguém. A pessoa que você amou pertence a Deus; ele não é seu.

- MENTIRA: *sou uma vítima.*
  VERDADE: Você pode ter sofrido uma ferida emocional, mas você não tem de possuir uma mente de vítima. Você talvez não tenha tido escolha nesse assunto, mas você tem escolhas agora — e isso pode lhe dar esperança.

- **MENTIRA:** *minha vida acabou.*
  VERDADE: Uma vez que o seu relacionamento com outra pessoa acabou, não é o fim do mundo, e não é o seu fim.

LIBERE TUDO PARA DEUS

Depois de um término, há alguns anos, com o homem com quem achei que me casaria, estava enfrentando dificuldade para deixar esse sentimento sair de meu coração, e minha amiga Tammy me deu um conselho sábio: "Você tem de morrer para fazer isso." Ela estava falando sobre abrir mão da sua agenda pessoal e submetê-la a Deus.

Então lembrei-me de que a experiência cristã é uma vida de rendição contínua, não de desistência, mas de rendição ao Espírito. Apesar de meu coração machucado, Deus ainda estava no controle. Ele sabia o que era melhor para a minha vida amorosa, porque ele me amava e me conhecia melhor do que eu mesma. Por mais difícil que fosse, era hora de libertar-me daquele relacionamento — o que eu queria — para que pudesse seguir em frente.

Deixar ir é difícil. Podemos pensar que Deus irá deixar a bola cair, mas ele nunca deixa. Podemos ter medo de não estar no controle. Talvez tenhamos receio das mãos que ficarão vazias quando nós liberarmos o pouco que tentamos possuir. Por não liberar o relacionamento e a dor emocional para Deus, estamos essencialmente dizendo: "Eu não confio em você. A minha maneira é melhor. Eu sei mais."

Quando rendemos nossas vontades, aprendemos a depender de Deus completamente e a confiar que ele tem algo melhor separado para nós e que ele irá prover. Quando você *libera,* seja lá o que você esteja segurando com tanta força, e *substitui* isso por Jesus (e a sua verdade imutável), ele irá *restaurar* o seu coração cansado, voluntarioso ou cheio de vontades e a guiará para dias mais claros.

Algumas pessoas erroneamente pensam que a rendição seja igual à fraqueza. Em vez disso, entregar a Deus todas as coisas requer muita coragem e força. É sinal de bravura. Você está liberando sentimentos com a correta visão do que poderá se tornar ao abandoná-los.

Um bom exemplo de libertação e restauração é encontrado no Salmo 126:5,6: "Aqueles que semeiam com lágrimas, com cantos de alegria colherão. Aquele que sai chorando enquanto lança a semente, voltará com cantos de alegria, trazendo os seus feixes." Enquanto você entrega o seu coração para Deus, uma transformação incrível pode acontecer.

Pense na transformação incrível que acontece, também, quando as sementes do trigo se rendem ao solo. É uma jornada de rendição contínua, enquanto pequenas sementes se transformam em plantas maduras e então são colhidas, empacotadas e transformadas em farinha, que você compra nas lojas, leva para casa e utiliza na preparação do pão.

Enquanto você trabalha a massa, os pequenos pedaços de trigo submetem-se a uma nova forma. Depois de bater e deixar crescer, novamente bater e deixar crescer, a massa — *batida por um propósito* — rende-se ao calor intenso do forno e lá ela é transformada no que deveria ser.

Finalmente, enquanto você abre o forno e tira a sua massa já assada, o aroma delicioso de pão fresco invade a cozinha. Você pegou algo em sua forma crua e o moldou em algo que antes não era assim — exatamente como Deus faz conosco.

Você renderá o seu término e as suas emoções para Deus e deixará que ele transforme a sua dor em alegria? Enquanto você libera as mentiras e as substitui pela verdade, Deus proverá restauração.

ORAÇÃO

Senhor, tenho muitas emoções girando em minha cabeça neste momento. Por favor, ajude-me. Mostrarias-me a melhor forma de lidar com a raiva que sinto? Cure meu coração partido por essa rejeição. Ensine-me como batalhar com o medo e vencê-lo. Ajude-me a me desprender das falsas crenças e me banhar em sua verdade. Senhor, tu és aquele a quem procuro porque tens o poder de tornar reais as mudanças duradouras em minha vida. Eu entrego essa dor e confio em ti por restauração. Em nome de Jesus, Amém.

LUZ PARA A JORNADA

A luz supera a escuridão. Aqui estão alguns versículos-chave — a luz da Palavra de Deus — para você levar consigo ou memorizar para que esteja preparada quando a decepção ou as mentiras a ameaçarem. Lembre-se: uma coisa é conhecer vários versículos da Bíblia, outra coisa é permitir que eles mudem sua vida. Tiago 1:22 e 25 nos lembram de "fazer" a palavra, de vivenciá-la e não apenas conhecê-la, pois então nós iremos encontrar a liberdade e seremos abençoados.

Sejam praticantes da palavra, e não apenas ouvintes, enganando-se a si mesmos (Tiago 1:22).

Mas o homem que observa atentamente a lei perfeita, que traz a liberdade, e persevera na prática dessa lei, não esquecendo o que ouviu mas praticando-o, será feliz naquilo que fizer (Tiago 1:25).

Pois eu sou o Senhor, o seu Deus, que o segura pela mão direita e lhe diz: Não tema; eu o ajudarei (Isaías 41:13).

A mão direita do Senhor é exaltada! A mão direita do Senhor age com poder! Não morrerei; mas vivo ficarei para anunciar os feitos do Senhor (Salmo 118:16,17). Senhor meu Deus, a ti clamei por socorro, e tu me curaste (Salmo 30:2).

Pois nada é impossível para Deus (Lucas 1:37).

ILUMINAÇÃO

1. Você sente como se tivesse direito aos seus sentimentos? Por que ou por que não?
2. Lidar com as suas emoções é essencial para curar seu coração partido. Quais emoções você está sentindo neste momento (dor, raiva, traição, tristeza, amargura ou outras emoções)?
3. Como Deus nos ajuda a lidar com as emoções?
4. Este capítulo afirmou: "Quando você *libera*, seja lá o que esteja segurando com tanta força, e *substitui* isso por Jesus (e a sua verdade imutável), ele irá *restaurar* o seu coração cansado, voluntarioso ou cheio de vontades e a guiará para dias mais claros." O que você pode fazer esta semana para liberar sentimentos e substituí-los?

5. Luzes noturnas: experimentando o amor de Deus

> "Quem entre vocês teme o Senhor e obedece à palavra de seu servo? Que aquele que anda no escuro, que não tem luz alguma, confie no nome do Senhor e se apoie em seu Deus."
>
> Isaías 50:10

Em um dia de verão, Chad e eu havíamos saído para um passeio no final da tarde em uma área por entre as árvores, a alguns quilômetros da casa dele. Eu estava tão envolvida em nossa conversa que não havia notado que estava anoitecendo. Logo, estava tudo completamente escuro — pelo menos parecia assim para mim. Ainda assim, continuamos a caminhar.

Eu não tinha ideia de como iríamos voltar para o carro sem uma lanterna — mas Chad havia caminhado por essas trilhas muitas vezes, mesmo à noite, e as conhecia muito bem. Então ele entrou em uma trilha na minha frente, enquanto me agarrava com força a ele. Com a sua presença e o conhecimento dele com relação à vegetação, eu estava menos temerosa. Por volta de uma hora depois, chegamos seguros ao carro dele e partimos.

Eu precisei de um guia naquela noite que me levasse através daquele momento intensamente escuro. Eu tive de confiar e depender de alguém que soubesse por onde estava indo e pudesse me levar em segurança para casa, mesmo não conseguindo ver o caminho.

Não é tranquilizador saber que Deus pode ver no escuro, mesmo quando nós não podemos? O Salmo 139:12 nos lembra: "Verei que nem as trevas são escuras para ti. A noite brilhará como o dia, *pois para ti as trevas são luz*" (grifo meu). Deus sabe onde nós estamos o tempo todo. À meia-noite ou durante o sol do meio-dia ele vê, sabe, se importa e irá guiá-la através da escuridão do seu coração partido para a cura — para dias mais claros.

A história de Erica

Saber *sobre* Deus é uma coisa, conhecer a proximidade de sua presença e confiar nele é outra completamente diferente. Erica aprendeu muito sobre a confiança em Deus depois que um relacionamento significativo terminou de forma inesperada e dolorida.

Parecia que o sonho de Erica, do casamento perfeito com um homem devoto, iria tornar-se realidade quando ela ficou noiva de Wayne, estudante de uma universidade católica na sua cidade. Até mesmo o pastor dela disse que se duas pessoas foram feitas para ficarem juntas, essas pessoas eram eles.

Infelizmente, as coisas começaram a se desmantelar pouco depois da cerimônia de casamento. Na noite de núpcias, Wayne sequer a beijou. Ele também confessou que não tinha mais desejo de orar junto com ela e que sua fé não mais significava para ele o que originalmente havia demonstrado ser.

Erica estava chocada e devastada, mas tinha esperança de que as coisas podessem mudar. "Eu achei que se orasse com força o suficiente e fizesse as coisas certas, nosso relacionamento seria diferente", afirmou.

Apesar de ter orado ardentemente pelo seu casamento e de ter procurado aconselhamento de seus líderes na igreja, Erica continuava a experimentar a rejeição de seu marido regularmente. Então, reagiu a isso mergulhando em seu trabalho; e enquanto a sua carreira florescia, o seu casamento minguava. "As pessoas pensavam que tínhamos o casamento perfeito", disse Erica, "mas atrás das portas fechadas, meu coração estava partido".

Por anos, ela orou pela cura do seu relacionamento. Wayne passava por ciclos, quando sucessivamente ora comparecia à igreja, ora não, e as esperanças de Erica ora disparavam, ora desabavam. Quando Wayne não desejava uma relação íntima, Erica se perguntava o que havia de errado com ela.

Então, depois de 12 anos de casamento, descobriu que Wayne levava uma vida dupla. Para que Erica não desconfiasse, Wayne havia trabalhado duro para ocultar seus negócios escusos, incluindo atividades ilegais, por anos.

Apesar de tudo isso, Erica foi ainda mais fundo para salvar seu casamento. Ela procurou um conselheiro cristão, leu livros sobre como resgatar o matrimônio e, com o apoio de seu conselheiro da liderança da igreja e de seus amigos queridos, começou a implementar encontros amorosos mais intensos com Wayne.

Infelizmente, ele escolheu ir embora e deu entrada no divórcio. Wayne havia dado uma opção simples para ela: ou ficar com ele e unir-se ao seu estilo de vida sem Deus, ou escolher ficar com Deus. Ela escolheu ficar com Deus. E apesar de saber que era a única coisa certa a fazer, o coração de Erica parecia partido em dois.

Depois de 13 anos de insistentes esforços, ela finalmente fora descartada. "Foi difícil desfazer-me do sonho de que Wayne poderia me amar", disse Erica. "Chorei por meses. Mas percebi que enquanto eu *amava*, não podia controlar o *resultado* daquele amor."

Ir da negação para a aceitação da verdade levara um longo tempo. Durante os meses que se seguiram, Erica começou a despertar para o fato de que, apesar do relacionamento entre eles ter acabado, ainda existia vida diante dela. Ela aprendeu que términos realmente são novos começos, e enquanto lamentamos, eventualmente passaremos pelo processo e encontraremos aceitação; nós somos capazes de seguir adiante.

Uma coisa que a ajudou a dirigir-se rumo à luz da esperança novamente, foi ler devocionais sobre o caráter de Deus. "Focar nisso realmente me ajudou a conhecê-lo e a confiar nele", declarou Erica. "Mesmo quando as coisas ao meu redor pareciam desmoronar, eu queria saber: 'Quem é essa pessoa que tem a minha vida em suas mãos? Quem já conhecia todos os dias da minha vida antes mesmo que qualquer um deles existisse? Quem é essa pessoa que sabe tudo e trabalha todas as coisas em conjunto para o meu bem e para sua glória?'"

Erica estava se referindo a três versículos consoladores da Bíblia:

> O meu futuro está nas tuas mãos (Salmo 31:15).

> Todos os dias determinados para mim foram escritos no teu livro antes de qualquer deles existir (Salmo 139:16).

> Sabemos que Deus age em todas as coisas para o bem daqueles que o amam, dos que foram chamados de acordo com o seu propósito (Romanos 8:28).

Parecia a meia-noite na vida de Erica — escura, devastadora e incerta. No entanto, por meio de sua jornada de cura, ela ansiava saber mais sobre aquele que a estava guiando pela noite, em direção ao nascer do sol, em direção da alegria.

Durante um relacionamento ou após seu término, você pode ter suas próprias perguntas que precisam de iluminação, como: "Por que esse término aconteceu?" ou "Onde está Deus nisto tudo?" Você pode tropeçar e perder o equilíbrio na confusão, enquanto imagina como poderá confiar em si mesma, confiar nos outros ou mesmo confiar em Deus novamente, pois você achou que o homem que a deixou seria aquele com o qual você deveria permanecer — talvez para sempre. Como reconstruir a confiança apesar dos "porquês" não respondidos e quando simplesmente você não compreende?

APRENDENDO COM A PERDA

Um homem chamado Jó recebeu a maior chamada da sua vida e aprendeu níveis muito profundos de conhecimento e confiança em Deus por meio de uma provação como nenhuma outra. Ele era um homem honesto, com um coração devoto a Deus. Tinha uma esposa e dez filhos e era extremamente rico. Você pode ler sua história na Bíblia, no livro de Jó.

Os eventos estavam ocorrendo no mundo invisível e a vida de Jó estava sendo colocada em jogo. Em resumo, o maligno manteve uma conversa com Deus afirmando que Jó levava muito bem a vida agora, mas que ele amaldiçoaria

Deus e lhe viraria as costas se todas as suas bênçãos lhe fossem tiradas. Deus concordou que Jó poderia ser testado.

O mundo de Jó balançou quando ele soube que estrangeiros haviam atacado e levado alguns de seus filhos, suas ovelhas, e seus servos haviam sido queimados com fogo, e o telhado de sua casa havia caído e todos os seus outros filhos haviam morrido. Em um luto absoluto, Jó caiu ao chão e louvou. Ele disse: "Saí nu do ventre da minha mãe, e nu partirei. O Senhor o deu, o Senhor o levou; louvado seja o nome do Senhor. Em tudo isso Jó não pecou e não culpou a Deus de coisa alguma" (Jó 1:21,22).

Entretanto, os testes continuavam a acontecer. Ele desenvolveu chagas dolorosas em seu corpo e sua própria esposa disse para que ele desse as costas para Deus. Ela afirmou: "Você ainda mantém a sua integridade? Amaldiçoe a Deus, e morra!" (Jó 2:9). Em outras palavras, desista. É muito para qualquer pessoa aguentar. Ainda assim, Jó não pecou em suas palavras.

Três de seus amigos vieram visitar Jó para consolá-lo, e ele chorou em sua miséria. Mas enquanto os amigos se condoíam com ele, falaram incorretamente quando disseram que ele certamente pecou, para que Deus estivesse com tanta raiva, a ponto de puni-lo com aquela provas.

Então Jó experimentou dias muito difíceis. Ele ficou imensamente triste e começou a desanimar. A esperança havia desvanecido. Ele reclamava sobre a sua circunstância e pensou que nunca mais seria feliz. Simplesmente nada fazia sentido para Jó, pois sua vida inteira desmoronara à sua volta.

Apesar de sua inocência, Jó sofria muito. Ainda assim, não estava ciente do que estava realmente acontecendo. Assim como o ouro é refinado pelo calor intenso, esse calor estava alto na vida de Jó. Por meio de perdas, ausências, dor física, vergonha e mais, esse homem bom e honesto estava sendo provado e refinado.

Finalmente Jó orou e abriu seu coração e seus problemas para Deus. E Deus manifestou-se, confrontando a ignorância de Jó com um "Você está questionando a mim e aos meus meios?", enquanto revelava sua majestade e grandiosidade como aquele que criou o mundo e o mantém.

Deus perguntou: "Onde você estava quando lancei os alicerces da Terra? Responda-me, se é que você sabe tanto" (Jó 38:4), e divulgou uma longa descrição de exemplos. Aqui estão alguns:

> Você já deu ordens à manhã ou mostrou à alvorada o seu lugar? (Jó 38:12).
>
> Como se vai ao lugar onde mora a luz? E onde está a residência das trevas? (Jó 38:19).
>
> É você que envia os relâmpagos, e eles lhe dizem: 'Aqui estamos'? (Jó 38:35).
>
> É por sua ordem que a águia se eleva e no alto constrói o seu ninho? (Jó 39:27).

Rendido e maravilhado, Jó respondeu: "Sei que podes fazer todas as coisas; nenhum dos teus planos pode ser frustrado. Tu perguntaste: 'Quem é esse que obscurece o meu conselho sem conhecimento?' Certo é que falei de coisas que eu não entendia, coisas tão maravilhosas que eu não poderia saber. Tu disseste: 'Agora escute, e eu falarei; vou fazer-lhe perguntas, e você me responderá'. *Meus ouvidos já tinham ouvido a teu respeito, mas agora os meus olhos te viram. Por* isso menosprezo a mim mesmo e me arrependo no pó e na cinza" (Jó 42:2-6, grifo meu).

Jó havia ouvido *sobre* Deus, mas agora ele havia *experimentado* o Senhor em primeira mão e nunca mais foi o mesmo.

Jó havia lutado com as palavras de Deus em oposição à sua própria dura realidade. Ele ouviu enquanto Deus revelava a sua natureza divina. E ele havia chegado a um lugar, apesar da sua adversidade, de comunicar-se com o que tudo sabe, o poderoso, e enérgico Deus. Com respeito e reverência, ele percebeu que o Amor estava ali o tempo todo. Deus ainda o estava protegendo em sua misericórdia e restaurou a vida de Jó.

No final, bondade e justiça foram manifestas. Jó teve a saúde restaurada, foi consolado por sua extensa família e abençoado, ainda mais que antes, na segunda metade de sua vida. De fato, ele teve mais dez filhos, toneladas de arrobas de gado e viveu 140 anos!

> Você pode não ser capaz de perceber o que Deus está fazendo em sua vida, mas talvez, como Jó, a sua pergunta de "por quê? irá se transformar em "quem?" enquanto você fica mais próxima daquele que tem as respostas.

Muito provavelmente, a queda que você vive agora, não foi tão ruim quanto aquela do terrível momento experimentado por Jó. Mas, se você estava simplesmente desapontada ou completamente devastada, provavelmente também está lutando contra suas próprias ideias sobre o caráter de Deus. Talvez você não seja capaz de perceber o que Deus está fazendo em sua vida neste momento, porém, como Jó, talvez sua pergunta de "por quê" se transforme em "quem?" enquanto você fica mais próxima daquele que tem as respostas. Enquanto começa a conhecer melhor a Deus e a confiar nele, perceberá que aquele que cuida do vasto universo e de tudo que nele há, também tem a mão — e o coração — em você.

No momento mais escuro da vida de Jó, ele aprendeu a ver com novos olhos, enquanto *experimentava* Deus, olhando para ele e indo para um lugar de transformação radical de vida.

"Frequentemente, nossa ambição primária é escapar da dor ou nos sentirmos bem, ou nos livrarmos de um problema quando, em vez disso, precisamos manter nosso foco na grande imagem do que Deus está fazendo em nossa vida e na vida de outros que estão passando por dor e problemas", escreve Anne Graham Lotz em *Why?* [Por quê?]. "Nossa principal aspiração", continua ela, "deveria ser glorificar a Deus, e não buscar honra, saúde ou nem alegria".[1]

Claro, ser alegre ou saudável não é nada ruim, só não é a coisa principal. Muitas vezes nós não entendemos o que Deus está preparando porque, bem, ele é Deus. E nós não somos. Sempre haverá elementos de mistério nos motivos pelos quais Deus faz o que faz; nunca teremos todas as respostas do lado de cá do céu. Mas podemos descansar seguras de que, aquele que muito nos ama, revelará tudo o que precisamos saber quando precisarmos. E isso basta.

Muitas vezes lutei com o meu próprio "por quê?" depois de um término. Com o passar do tempo, após muitas orações e muitas lágrimas, finalmente cheguei a um ponto em que me lembrei de compreender a soberania de Deus; ele está no controle, mesmo quando a situação é confusa. Depois de me agarrar com tanta força no que eu acreditava desejar, poderia, em humilde rendição, dizer: "Eu não entendo, Senhor, por isso confiarei em você." Aprendi que ele é mais esperto do que eu, conhece todas as coisas e irá prover as necessidades do meu coração — da forma como melhor lhe parecer.

Deus estará satisfeito com as nossas perguntas enquanto lutarmos com a nossa vontade e suas escolhas. Nessa batalha, ele estará nos fortalecendo. É aqui que aprendemos a conhecê-lo e a realmente confiar em seu coração. "Confie no Senhor de todo o seu coração e não se apoie em seu próprio entendimento; reconheça o Senhor em todos os seus caminhos, e ele endireitará as suas veredas" (Provérbios 3:5,6).

Conhecer é confiar

Em um relacionamento, quanto mais você conhece a pessoa, mais pode confiar nela. O mesmo é verdade com relação a Deus. Quanto mais *conhecemos* Deus, mais podemos *confiar* nele. No entanto, muitas de nós têm imagens distorcidas de quem Deus realmente é. Devido à nossa própria ignorância, da má interpretação de um pastor, de questões da infância ou por outras razões, talvez pensemos que Deus seja alguém que na realidade não é.

Muitos anos atrás, imaginei Deus sentado de costas para mim em uma grande cadeira de couro estilo executivo. Ele não deveria ser incomodado, exceto em circunstâncias extremamente urgentes. Se me aproximasse dele, seria com medo e tremendo, pois ele estava muito ocupado e tinha coisas mais importantes para resolver do que ouvir meus apelos. Eu achava que se desejasse falar com Deus e ele se voltasse em sua cadeira enorme para olhar meu rosto, eu teria de dizer rapidamente do que precisava e de forma sucinta. Esperaria uma resposta curta, porém sábia, e sairia dali o mais rápido que pudesse.

Eu entendo melhor agora.

Quando você apenas imagina como Deus deve ser, é como permanecer em pé nas sombras em vez de viver no brilho caloroso do seu amor. É como ficar longe do fogo, amando-o a distância, no frio e no escuro. Mas Deus a convida a chegar mais perto — saindo do frio do desapego para a proximidade de sua bondade, afeição, atenção e do poderoso amor daquele que muito ama você.

"Diariamente nós encaramos duas escolhas simples" diz C. J. Mahaney, presidente do *Sovereign Grace Ministries*. "Nós podemos *ouvir* a nós mesmos e aos nossos sentimentos constantemente mutáveis a nosso respeito, ou podemos *falar* conosco sobre a verdade imutável de quem é Deus e o que ele conquistou para nós na cruz. Muitas vezes escolhemos ouvir passivamente a nós mesmos. Nós nos sentamos e deixamos a nossa visão de Deus e da vida ser moldada por nossos sentimentos que estão constantemente mudando sobre nossas circunstâncias sempre mutáveis."[2]

Nós precisamos conhecer "a verdade imutável de quem é Deus e do que ele conquistou por nós" — o verdadeiro caráter daquele que "revela coisas profundas das trevas, e traz à luz densas sombras" (Jó 12:22).

O verdadeiro caráter de Deus

A noite tem a sua própria beleza e propósito. No céu do entardecer, contra um cenário de trevas, Deus nos oferece as luzes da noite, como a lua, as estrelas e o brilho espetacular da aurora boreal, as luzes do norte. Você já olhou para uma lua cheia, enorme, redonda e brilhante, que demonstrava ser tão clara que a noite parecia dia? Ou olhou para a Ursa Maior, ligando as estrelas com seus olhos e reconhecendo a forma de caçarola? Certamente, "os céus declaram a glória de Deus" (Salmo 19:1).

Em sua própria noite pessoal — quando você se sente triste, sozinha ou angustiada pelo amor perdido ou pelas derrotas nos relacionamentos — Deus provê a luz para o caminho do seu recomeço. Quando você sabe mais sobre quem é Deus (seu caráter), o que ele fez e está fazendo ainda agora, então sua reação a ele e às suas circunstâncias mudam drasticamente. Para experimentar os caminhos maravilhosos de Deus em níveis mais profundos, precisamos nos lembrar de quem é ele e não esquecer "nenhuma de suas bênçãos" (Salmo 103:2). Enquanto olhamos para o que Deus diz sobre si mesmo em sua Palavra, a Bíblia Sagrada, nossa confiança nos será assegurada, não sendo apenas uma verdade cega.

São inúmeras as luzes da noite que Deus provê — seu amor absoluto, sua terna misericórdia, sua graça que cura e sua sabedoria que nos guia, só para citar algumas. Mas talvez a "luz" mais brilhante do caráter de Deus seja o seu amor.

A LUZ DO AMOR INCONDICIONAL

O amor de Deus é maravilhoso. Por se importar tanto comigo e com você, ele enviou o seu filho, Jesus Cristo, à Terra. Por três anos Jesus demonstrou bondade e compaixão, curou os enfermos, realizou milagres e ensinou pessoas a viverem de forma a honrar a Deus.

Ele possuía um propósito para estar aqui; em sua morte e ressurreição em uma cruz de madeira, a missão de Deus estaria completa. E porque a cruz permaneceu vazia e a tumba que ele por uma vez ocupou tornou-se desabitada, nós podemos viver livres para sempre.

Apesar dos nossos fracassos e nossas imperfeições (sim, até sem maquiagem no rosto), Deus nos aceita. Não importa quem você é ou o que você fez; o amor radical e incondicional de Deus e o seu perdão alcançam a todos. Nós apenas precisamos fazer a escolha de aceitá-lo. E quando o fazemos, descobrimos que o amor muda tudo.

Quando Deus nos mostra que o amor tem limites, talvez pensemos que ele não está sendo gentil, quando, na verdade, ele está solucionando as coisas para nosso benefício. Por exemplo, quando você quer que a resposta seja "sim" e Deus diz "não", isso não significa que ele a ame menos. Significa que ele é mais sábio; afinal, ele sabe o que nós desconhecemos, e como Pai amoroso, nos protege e nos mantém na linha.

Deus nos ama, e pede o nosso amor em troca. Quando os mestres religiosos nos dias de Jesus perguntaram a ele qual dos mandamentos era o maior, ele respondeu com dois deles: "'Ame o Senhor, o seu Deus de todo o seu coração, de toda a sua alma e de todo o seu entendimento'. Esse é o primeiro e maior mandamento. E o segundo é semelhante a ele: 'Ame o seu próximo como a si mesmo'" (Mateus 22:37-39).

Amar ao próximo não é tão desafiador quando estamos reabastecidas pelo amor de Deus. Quando estamos preenchidas pelo amor divino, não somos tão nervosas, medrosas ou frustradas em nossos relacionamentos ou términos. Um conhecimento tranquilo se estabelece para que nós possamos ser nós mesmas, para que possamos aceitar as pessoas como elas são e para que não tentemos controlar as coisas o tempo todo. Podemos parar de lutar.

Quando o incrível amor de Deus nos preenche primeiro, não ficamos sedentas pelo amor e pela aprovação de outros e isso nos ajuda a fazer escolhas melhores com relação às pessoas com quem namoramos ou eventualmente casamos.

Max Lucado afirma: "Quando você percebe que Deus a ama, não ficará desesperada pelo amor dos outros."[3]

AS LUZES DA NOITE DO CARÁTER DE DEUS

Da mesma forma que as estrelas da noite são incontáveis, os atributos de Deus também são inumeráveis. Algumas das outras coisas incríveis sobre Deus incluem:

> Sua justiça (Isaías 30:18)
> Seu perdão (Lucas 7:48)
> Sua misericórdia (Lamentações 3:22,23)
> Sua graça (Efésios 2:8)
> Sua compaixão (Salmo 103:13)
> Seu consolo (Salmo 94:19)
> Sua sabedoria (1 Coríntios 1:20-30)
> Sua orientação (Salmo 43:3)
> Sua liberdade (João 8:36)
> Sua cura (1 Pedro 2:24)
> Sua bondade (Salmo 145:9)
> Sua santidade (Salmo 99:5)
> Sua majestade (Êxodo 15:11)
> Sua esperança (Salmo 62:5)
> Sua provisão (Mateus 6:25,26)
> Sua proteção (Salmo 4:8)
> Seu poder e sua autoridade (Mateus 28:18,19)
> Sua paz (João 14:27)

CONECTANDO COM DEUS

Devido à graça e ao perdão de Deus, nós somos libertas. Por conta da sua santidade, nós o respeitamos e reverenciamos. Por conta de sua bondade, estamos cheias de alegria!

É difícil colocar em um único capítulo a extensão de tudo o que Deus é e tudo o que ele conquistou, uma vez que livros inteiros foram escritos relatando seus atributos. Realmente, não existem palavras suficientes para descrever suas maravilhas.

Entretanto, quando começamos a conhecer mais sobre Deus e o experimentamos em nossa vida diária, a confiança é construída e uma conexão cresce. Não estamos mais vivendo por nossas cabeças, mas por nossos corações. Quando nós *experimentamos* Deus — quando realmente nos conectamos —, nunca mais seremos as mesmas. Nem mesmo o mundo ao nosso redor.

Como podemos nos conectar com Deus?

Enquanto você lê *as Palavras de Deus na Bíblia*, ele ilumina o seu pensamento com sabedoria e clareza, e o seu coração com amor mais profundo. "A tua palavra é lâmpada que ilumina os meus passos e luz que clareia o meu caminho" (Salmo 119:105).

Enquanto você *ora*, as suas petições alteram circunstâncias, pessoas e atitudes; elas mudam você. Em meu livro *Power Prayers for Women* [Orações poderosas para mulheres], eu proponho que a oração é uma conexão de amor com Deus. "A oração nos conecta com aquele que tem o poder de fazer mudanças duradouras em nossa vida. É uma conversa santa, falar e ouvir ao Deus Todo-poderoso, aquele que nos ama muito mais do que poderemos conhecer. De fato, é aí que o poder de orações poderosas vem: estar conectada."[4]

A oração nos conecta com aquele que tem o poder de fazer mudanças duradouras em nossa vida.

Enquanto você *adora*, o seu coração muda. Se você entoa louvores de adoração na igreja ou se harmoniza com a música que toca no CD do seu carro, a adoração conduz você de forma única, enquanto se sente transportada do pesar para a alegria, da escuridão para a luz. "Do nascente ao poente, seja louvado o nome do Senhor!" (Salmo 113:3). Nós adoramos a Deus porque ele é digno.

> A oração nos conecta com aquele que tem o poder de fazer mudanças duradouras em nossa vida.

Quando o marido de Erica a deixou, ela achou consolador e saudável ouvir CDs de adoração. "Ajudou-me a focar no amor de Deus por mim enquanto ia dormir todas as noites. O Espírito Santo me consolava enquanto ouvia, e isso teve um importante papel em minha cura."

A conexão leva à transformação. Quando nos empenhamos, sem ignorar a Deus e aceitando sem discutir, somos renovadas e excessivamente gratas.

O propósito de conhecer os atributos de Deus é formar um relacionamento mais profundo com ele, um elo. Então, quando começamos a conhecer seu coração e a sua bondade, podemos experimentar a comunhão autêntica, a cura verdadeira e o amor real. Nós acabamos por confiar que ele é mais que capaz e mais que disposto a tomar conta de nós. Podemos dizer como o apóstolo Paulo: "Sei em quem tenho crido e estou bem certo de que ele é poderoso para guardar o que lhe confiei até aquele dia" (2 Timóteo 1:12).

Eu sei. Estou convencida. Ele é capaz.

A minha oração é para que o Senhor continue a se revelar para você enquanto procura segui-lo e colocá-lo em primeiro lugar. "Peço que o Deus de nosso Senhor Jesus Cristo, o glorioso Pai, lhes dê espírito de sabedoria e de revelação, *no pleno conhecimento dele*" (Efésios 1:17, grifo meu).

Quando você o faz, o Espírito Santo pode surpreendê-la ao lhe dar forças para que você faça coisas que nunca pensou em fazer antes — como perdoar alguém que a magoou. Ou mesmo perdoar a si mesma.

Oração

Senhor, quero te conhecer e experimentar mais do teu caráter. Ajude-me a aprender com as minhas perdas e viver pela tua verdade imutável. Revele-me mais sobre a tua misericórdia e justiça, para que eu possa perdoar aos outros e ser perdoada. Quero experimentar a tua compaixão e consolo e aprender mais sobre a tua majestade, santidade e esperança. Senhor, mostre-me como me conectar contigo e experimentar o amor como nunca conheci antes. Obrigada por teu amor eterno por mim. Em nome de Jesus, amém.

Luz para a jornada

Embora eu esteja morando nas trevas, o Senhor será a minha luz (Miqueias 7:8).

Contudo, o Senhor espera o momento de ser bondoso com vocês; ele ainda se levantará para mostrar-lhes compaixão. Pois o Senhor é Deus de justiça. Como são felizes todos os que nele esperam! (Isaías 30:18).

Graças ao grande amor do Senhor é que não somos consumidos, pois as suas misericórdias são inesgotáveis. Renovam-se cada manhã; grande é a sua fidelidade! (Lamentações 3:22,23).

> Pois vocês são salvos pela graça, por meio da fé, e isto não vem de vocês, é dom de Deus; não por obras, para que ninguém se glorie (Efésios 2:8,9).
>
> Confie no Senhor de todo o seu coração e não se apoie em seu próprio entendimento; reconheça o Senhor em todos os seus caminhos, e ele endireitará as suas veredas (Provérbios 3:5,6).
>
> Por essa causa também sofro, mas não me envergonho, porque sei em quem tenho crido e estou bem certo de que ele é poderoso para guardar o que lhe confiei até aquele dia (2 Timóteo 1:12).

Iluminação

1. Como a história de perdas e restauração de Jó a encoraja?
2. Como você "imagina" Deus?
3. Qual é o aspecto do caráter de Deus que significa muito para você?
4. Quais são as novas maneiras que você pode se conectar com Deus esta semana?

6. Fora das Sombras:
Descobrindo o Poder do Perdão

"Ser cristão significa perdoar o imperdoável, porque
Deus perdoou o imperdoável vindo de você."

C. S. Lewis

Era um dia frio de janeiro, em Colorado, e tudo estava coberto de branco. Enquanto caminhava admirando o contraste do céu azul e das montanhas laranja-avermelhadas contra o branco puro da neve, vi algo que me fez parar em meu caminho. Era um carvalho com folhas sem vida ainda penduradas à árvore. *Que estranho*, pensei, enquanto o vento de inverno soprava a neve de cima das folhas secas. *O outono acabou. Por que elas ainda estão presas nesta árvore se a estação já passou?* As folhas secas se agarravam aos galhos que balançavam como se a vida delas dependesse disso. Só que elas estavam mortas.

Então me dei conta. Isso era exatamente o que eu estava fazendo. Como as folhas secas do carvalho, eu estava me segurando na última estação; meu coração estava preso ao passado. O que custaria simplesmente abrir mão?

Realmente, o relacionamento havia morrido há meses. Eu sabia em minha cabeça que havia acabado, mas meu coração recusava-se a concordar. Aquele homem exigiu o meu tempo e a minha atenção por quase dois anos, e nunca teve intenção alguma de se casar comigo. Como eu poderia desculpar esses anos perdidos? Pelas minhas costas, ele começou a namorar minha boa amiga. Ele disse que nunca quis filhos, e agora ele está casado e tem alguns. Eu sabia que precisava perdoá-lo e perdoar a mim mesma por ter feito escolhas tolas durante o relacionamento, mas como fazê-lo?

Enquanto me mantive ali, o vento aumentou e algumas folhas mortas voaram dos galhos, libertando-se de sua teimosa aderência. Naquele momento, me dei conta de que eu precisava de uma força maior para liberar o que estava segurando com tanta força. Eu precisava do poder do Espírito Santo para fazer soprar uma brisa fresca em minha vida e tornar-me capaz de fazer o que fosse necessário. Deixe ir. Libere. Perdoe.

A DOR DE ONTEM

Henri Nouwen certa vez disse: "Quando uma ferida é curada, ainda pode restar alguma dor."[1] Superar alguém que a deixou pode ser mais difícil para algumas pessoas do que, especialmente, se você já experimentou mágoas emocionais no passado. Talvez você não tenha consciência disso, mas a dor de tempos atrás ainda está aí, dentro do seu coração, e isso pode tornar difícil que a dor do presente vá embora. Talvez os seus pais tenham se divorciado na sua infância e você nunca superou a sensação inicial de abandono, um sentimento que ecoou ou que se aprofundou através de uma separação. Ou talvez a sua melhor amiga da época do colégio a tenha rejeitado para começar a andar com as meninas "populares" no Ensino Médio, deixando você se sentindo descartada. Uma dor mais antiga está caminhando dentro da sua dor atual.

Dores que foram deixadas para trás voltam de várias formas. Pode ser por meio de um divórcio (o dos seus pais ou o seu), uma morte na família, a doença de um familiar, um estupro ou um abuso (físico, sexual ou emocional). Até pequenas mágoas e decepções repetidas podem se acumular e se tornar em uma montanha de ressentimento. O resultado é o que diz Neil T. Anderson em *Victory Over the Darkness* [Vitória sobre as trevas]:[2] "Algo no seu passado não está resolvido e consequentemente ainda se mantém em você."

Anderson, fundador e presidente do *Freedom in Christ Ministries* [Ministério Liberdade em Cristo], chama isso de "efeito residual das *emoções primárias* de traumas passados."[3] De fato, ele continua: "A intensidade das suas emoções primárias é determinada pela sua história de vida prévia. Quanto mais traumática a sua experiência, mais intensas serão as suas emoções primárias."[4]

De acordo com Anderson, um evento do presente pode liberar algo dentro de você que talvez tenha sido deixado adormecido por anos. Um término de relacionamento, por exemplo, poderia ativar emoções como raiva intensa ou sensações extremas de rejeição e você talvez fique confusa com a forma que está reagindo — e por que não consegue se libertar. Perceber que o passado está se esparramando sobre o seu presente irá ajudá-la a lidar com isso.

Para encontrar a solução é importante saber que você não é mais prisioneira de seu passado. Você pode enxergar as coisas de forma diferente hoje, por meio de seus olhos de adulta ou como alguém que está além do trauma antigo. "Você tem o privilégio de avaliar a sua experiência do passado sob a luz de quem você é hoje, em oposição a quem você era naquela época",[5] diz Anderson.

Enquanto começa a ver, com novos olhos, como outras mágoas podem afetar a dor da sua recente separação, pode então dar alguns dos passos essenciais para a cura de seu coração: perdoar aqueles que a ofenderam.

O PERDÃO É A CHAVE DA CURA

A chave mais importante que cura um coração partido depois do término de um relacionamento é o perdão — seja perdoando uma dor passada, perdoando a pessoa que a magoou no presente ou perdoando a si mesma. "O perdão", de acordo com Dan Allender e Tremper Longman III em *Bold Love* [Amor destemido], "é a luz que penetra no escuro e liberta o coração sombrio e envergonhado para saltar com amor".[6]

Se a ofensa aconteceu no passado ou no presente, agarrar-se àquela dor não apenas continuará machucando você, mas também pode impedi-la de seguir adiante. A dor reprimida transforma-se em amargura, ressentimento ou ofensa, e o veneno emocional pode trabalhar o seu caminho em outras áreas da sua vida. Com orgulho, ignorância ou puro egoísmo, nós teimosamente nos agarramos, como aquelas folhas marrons e secas, ao que queremos o ao que achamos que deveria acontecer. "Ele está errado e eu estou certa." "Eu quero justiça (ou vingança)." "O que ele fez é imperdoável."

VOCÊ NÃO ME DEVE

Anos atrás, em um retiro para solteiras em Green Lake, Winsconsin, Andy Stanley deu uma palestra sobre o tópico do perdão. Lembro-me dele falando algo sobre o fato de que, quando você não perdoa, é como se mantivesse aquela pessoa refém em seu coração. Você a pega de vez em quando, dá-lhe uma surra, e a coloca de volta.

Quando você se sente lesada, acha que a outra pessoa lhe deve algo. Eles lhe devem um pedido de desculpas, uma explicação, uma infância, um relacionamento ou um casamento. Seja lá o que for você os está mantendo aprisionados, mas a única com dor é você mesma. Então Stanley abriu suas mãos e, com as palmas para cima, nos disse que o perdão significa que nós libertamos essa pessoa e dizemos: "Você não me deve."

Como você sai de uma situação em que sente que alguém está emocionalmente em débito com você, para outra em que pode libertar e perdoar? Muitas vezes, as pessoas acham difícil perdoar porque elas não sabem o que isso significa.

O QUE É O PERDÃO... E O QUE NÃO É

Perdoar não é esquecer sobre o que aconteceu ou agir como se tudo estivesse bem. Não significa que você aceita o que houve, concorda ou gosta daquilo. Você não está desculpando a ofensa e, definitivamente, não está dando uma trégua ao ofensor pelas palavras e ações dele. Em vez disso, você está colocando-o no gancho de Deus e confiando nele para que lide com isso de forma justa, porque ele afirmou que assim o faria. Enquanto você libera a pessoa que a lesou para Deus, *ele* assegura que a justiça aconteça; e não você. "Nunca procurem vingar-se, mas deixem com Deus a ira, pois está escrito: 'Minha é a vingança; eu retribuirei', diz o Senhor" (Romanos 12:19).

Eu gosto do que C. D. Baker disse sobre a justiça de Deus em *40 Loaves: Breaking Bread with Our father Each Day* [Quarenta porções: partindo o pão com nosso pai a cada dia]: "Sim, Deus procura por justiça e nós também deveríamos fazê-lo. Ele lamenta quando somos oprimidos ou quando tiram vantagem de nós, e ordena justiça em nosso nome. Mas o que esquecemos é que Jesus já pagou o preço pelas violações dos outros com relação a nós [...] e pelas nossas violações contra eles. Nós não precisamos procurar por vingança"[7] (meu grifo). Realmente, o Deus do amor incondicional também é nosso advogado por justiça.

Perdoar é não julgar o outro. Em Mateus 7:1-3 lê-se: "Não julguem, para que vocês não sejam julgados. Pois da mesma forma que julgarem, vocês serão julgados; e à medida que usarem, também será usada para medir vocês. Por que você repara no cisco que está no olho do seu irmão, e não se dá conta da viga que está em seu próprio olho?"

O fato simples é que nenhum de nós conhece os reais motivos no coração de outra pessoa. Nós não perdoamos ou aceitamos o mau comportamento, mas não cabe a nós julgar. Esse é trabalho de Deus. "Portanto, não julguem nada antes da hora devida; esperem até que o Senhor venha. Ele trará à luz o que está oculto nas trevas e manifestará as intenções dos corações. Nessa ocasião, cada um receberá de Deus a sua aprovação" (1 Coríntios 4:5).

O perdão não depende da outra pessoa. Se você foi lesada e a outra pessoa se arrepende e pede perdão, porque ela realmente está arrependida, a Bíblia nos diz para perdoarmos. "Suportem-se uns aos outros e perdoem as queixas que tiverem uns contra os outros. Perdoem como o Senhor lhes perdoou" (Colossenses 3:13). Isso não quer dizer que você é obrigada a se tornar sua amiga ou se casar com ele. Você pode escolher como se relacionar com ele no futuro, mas como verá neste capítulo, o perdão nem sempre leva à reconciliação.

E se a outra pessoa não estiver arrependida? Em um mundo ideal, a pessoa que a lesou deveria se aproximar e dizer-lhe que sente muito. Ele compreendeu o seu erro e pede por perdão. Em um mundo ideal, as coisas seriam muito diferentes. Mas a nossa vontade de perdoar não depende da outra pessoa.

Apesar das nossas feridas na alma, somos chamados, como cristãos, a seguir o exemplo de Jesus. Na cruz, Jesus orou pelos que o maltratavam: "Pai, perdoa-lhes, pois não sabem o que estão fazendo" (Lucas 23:34). Sim, é difícil perdoar uma pessoa que machucou você, mas nós não tratamos as outras pessoas como mereceriam ser tratadas em função dos seus pecados. Perdoando os outros, você não está apagando os seus erros ou suas decorrentes consequências. Está levando a sua dor para Jesus e entregando-a para ele. E isso liberta o *seu* coração.

O perdão não é algo para se fazer uma vez só. Quando Pedro foi até Jesus e perguntou por quantas vezes ele teria de perdoar um irmão que pecou contra ele, Pedro imaginou que estava sendo generoso, quando se ofereceu para perdoar por sete vezes (Mateus 18:21,22). Nós perdoamos repetidamente, mas também somos sábias com relação ao tratamento que devemos receber por parte da outra pessoa.

O perdão vem com o tempo, nem sempre chega instantaneamente. Algumas vezes, precisamos ficar de luto primeiro e orar para que possamos senti-lo. O líder de adoração, Ross Parsley, disse uma vez: "O perdão é uma decisão, mas a cura é um processo."

Perdoar os outros é possível, e você pode vir para a luz da compreensão, que brilha gradualmente com relação a como perdoar, enquanto você:

- *Compreende que foi magoada.* "Eu fui lesada."
- *Recebe o perdão de Deus.* "Eu também estava errada. Preciso de perdão."
- *Escolhe por perdoar.* "Estou lutando com a questão: por que devo perdoá-lo?"
- *Libera para Deus em oração — e perdoa.* "Porque Deus me perdoou, eu irei perdoá-lo."

COMPRENDA QUE VOCÊ FOI MAGOADA

Para algumas pessoas, isso é óbvio. Você sabe que foi machucada por palavras ou ações e isso está claro para você. Outras pessoas talvez tenham maior dificuldade em reconhecer ou admitir que algo aconteceu. Por qualquer que seja a razão, elas não querem lidar com os problemas, querem negar a ofensa para que não haja motivo para o perdão.

Apesar de você ter sido ofendida, isso não significa que tenha de se prender na ofensa. Nesta vida, iremos ser magoadas ou ofendidas muitas vezes; isso é fato. No entanto, nós temos a escolha de como responder ao erro.

John Bevere diz em *The Bait of Satan: Living Free From the Deadly Trap of Offense* [A isca de satanás], que a ofensa é uma ferramenta usada pelo inimigo para levar os cristãos ao cativeiro, deixando-os ludibriados e incapazes de se libertar. "O orgulho nos mantém impedidos de lidar com a verdade", diz Bevere. "Ele distorce a nossa visão. Você nunca muda quando acha que tudo está bem."⁸ Você se agarra à ofensa, então segura o perdão.

Da mesma forma que você planta sementes em seu jardim e faz uma colheita de vegetais e frutas no verão, quando você planta sementes de amor incondicional você colhe o amor de Deus em sua vida. E esse amor pode lhe dar o motivo — e o poder — para libertar a pessoa que a machucou. "O amor de Deus é a chave para a liberdade da armadilha da ofensa", diz Bevere.⁹

Receba o perdão de Deus

Depois que você admitir que foi magoada, é útil se perguntar: "Qual a minha parte nisso?" Enquanto a luz do seu próprio erro se torna mais forte e você vê o impacto do seu próprio comportamento, pode começar a ver mais claramente a importância de perdoar os outros. Nós vemos a verdadeira condição de nossos próprios corações, e isso nos ajuda a encontrar a liberdade que o perdão oferece para nossa vida e para a vida das outras pessoas.

> Apesar de você ter sido ofendida, isso não significa que tenha de se agarrar à ofensa.

Enquanto você leva em consideração a sua parte no término desse relacionamento, pergunte-se: "Eu fiz algo errado ou doloroso nessa situação?" Também peça a Deus, em oração, para revelar como você pode olhar primeiramente para suas próprias coisas antes de lidar com os erros que o rapaz cometeu em relação a você. Mateus 7:3 diz: "Por que você repara no cisco que está no olho do seu irmão, e não se dá conta da viga que está em seu próprio olho?" Obtenha o perdão em sua vida e então você será capaz de perdoar os outros.

Receber o perdão de Deus começa quando nos damos conta de que precisamos dele. Até lá, estamos espiritualmente "no escuro". Sem a luz de Cristo em nossa vida, nós somos ignorantes, orgulhosas, egoístas e muitas vezes tolas. De fato, desde o começo de nossa vida acreditamos que tudo gira à nossa volta, até que aprendemos que *nós* giramos em volta de *Deus* — assim como as pessoas descobriram há séculos que a Terra girava em torno do sol, e não o contrário.

A maior escuridão é estar separada da Fonte da luz e da vida — não conhecendo Deus em nada. Enquanto ouve a verdade de Deus e experimenta o seu amor por você, seu pensamento é iluminado e você começa a experimentar a liberdade, o perdão, o indulto e a paz de Deus. Por causa de Jesus, nós nos tornamos como aqueles em seus dias: "O povo que vivia nas trevas viu uma grande luz" (Mateus 4:16).

Jesus veio até nós para mostrar-nos como Deus era. É um mistério profundo, mas Deus queria que toda a humanidade o conhecesse para que nós pudéssemos nos conectar com ele. Então ele enviou seu Filho, Jesus Cristo. "Das trevas resplandeça a luz, ele mesmo brilhou em nossos corações, para iluminação do conhecimento da glória de Deus na face de Cristo" (2 Coríntios 4:6). Jesus, o Filho, porta a imagem de Deus, o Pai. Então, quando nós acertamos com Jesus — por receber o perdão dele — estamos também acertando com Deus. Ele é a conexão. Nossa salvação. Nossa reconciliação.

Um *convite divino*. Quando um convidado vem à sua casa e bate na porta da frente, você abre a porta e o deixa entrar; você "recebe" o seu convidado. Da mesma forma, nós recebemos o perdão de Deus quando abrimos a porta de nosso coração e o deixamos entrar.

Em Apocalipse 3:20, Jesus diz: "Eis que estou à porta e bato. Se alguém ouvir a minha voz e abrir a porta, entrarei e cearei com ele, e ele comigo." Como seria isso?

Imagine uma sala que está vazia, cinza e gélida, com pouca mobília. Você está nessa sala, e alguém bate na porta. Você abre parte da porta, deixando o pega-ladrão preso.

"Sim?"

É Jesus. "Posso entrar?", ele pergunta.

Você pensa por um momento. *O que realmente significa deixá-lo entrar? Devo abrir a porta?*

Você faz uma pausa e então decide correr o risco de abrir o pega-ladrão. No momento em que ele entra, a sala é instantaneamente modificada. De repente, ela se torna quente e maravilhosa. A vida preenche a sala — o fogo estala na lareira, sofás com almofadas estofadas e uma refeição suntuosa posta à mesa para o jantar. Você está encantada. *Quem é este que preenche minha sala e minha vida, com cor, luz, abundância e vida? Que calor e amor tenro são estes?*

Você se senta à mesa e banqueteia-se com algo suculento e divino. No brilho do fogo e das velas, Jesus se recosta em sua cadeira e sorri para você. Você ainda está maravilhada com a bondade e a gentileza dele. Você está relaxada e alegre. E sorri de volta.

Contudo, então você fica com medo, pois acredita que ele terá de se retirar logo. É tão maravilhoso que você deseja que ele fique.

Ele sabe dos seus pensamentos antes mesmo que você os externe, e assegura: "Eu não vou partir. Nunca partirei. Estarei com você sempre. E, um dia, você virá para a minha casa e nós moraremos nela para sempre." Você respira e relaxa novamente. *Ele está comigo... sempre. Obrigada, Senhor.*

Jesus está batendo na porta de seu coração. Você a abrirá? Simplesmente fale sobre isso com ele em oração; diga o que está em seu coração com suas palavras, da sua própria maneira. Enquanto você admite e confessa o que fez de errado, peça perdão a Deus.

Pela graça de Deus, e não por algo que tenhamos feito, podemos ter libertação espiritual, que é a salvação. Nós somos salvas de nossos pecados por meio da nossa fé em Cristo. É o amor sacrificial dele que dá vida ao nosso coração morto. O pecado separa, mas o perdão nos reconecta ao Pai e nos traz de volta para casa.

Filhos e filhas pródigas. Algumas vezes saímos tanto do caminho que nos perguntamos se conseguiremos voltar. Para algumas pessoas, as palavras "culpada, culpada, culpada" martelam em suas cabeças repetidamente. Outras, no entanto, não têm pistas de que precisam de perdão. Mas o perdão de Deus é maior do que qualquer pecado.

Leia Lucas 15:11-32 para ter um vislumbre da misericórdia ilimitada de Deus, por meio da história do filho pródigo. Jesus mesmo contou a história. Começa com um homem que tinha dois filhos. O mais novo pediu para o pai parte dos seus bens, a sua herança, e viajou para um país distante. Lá ele gastou o dinheiro irresponsavelmente, vivendo de forma extravagante, mas então ficou sem recursos e não era mais rico; estava completamente pobre.

Depois de perceber que os servos de seu pai eram mais bem alimentados do que ele naquele momento, voltou para casa. Estava humilhado, quebrado e envergonhado de suas escolhas miseráveis. E, ainda assim, mesmo quando o jovem estava longe, o pai o viu através dos olhos do amor. Então correu para abraçá-lo — talvez assim estivesse cuidando dele. Ele não o repreendeu nem gritou. Ele não disse: "Onde você esteve?" ou "O que você fez com todo o dinheiro que eu lhe dei?"

O filho sabia que estava errado, e não esperava ser tratado como nada mais do que um servo. Mas ele estava caminhando rumo à surpresa de sua vida. O pai jogou seus braços em volta de seu filho perdido e o beijou. Deu-lhe as boas-vindas e o encontrou em um momento de grande necessidade — com amor, e não com um discurso.

Das nossas próprias maneiras, todos somos filhos pródigos. Assim como o pai deu boas-vindas ao seu filho voluntarioso com os braços abertos, nosso Pai celeste não nos trata como merecemos, mas infinitamente melhor. Entretanto, depende de nós fazer a escolha e *receber* o amor que está sendo derramado sobre nós. "O amor do Pai não força a si próprio ao amado", diz Henri Nouwen em *The Return of the Prodigal Son* [A volta do filho pródigo]: "Apesar de ele querer curar a todos nós de toda a nossa escuridão interior, ainda somos livres para fazer as nossas próprias escolhas sobre ficar na escuridão ou ir ao encontro da luz do amor de Deus."[10]

Quando escolhemos a luz do amor de Deus, nós podemos humilde e corajosamente ir até ele e pedir por perdão todas as vezes que precisarmos. Nós podemos ir com um coração arrependido até Deus e ele sempre será fiel ao perdão. "Se confessarmos os nossos pecados, ele é fiel e justo para perdoar os nossos pecados e nos purificar de toda injustiça" (1 João 1:9).

Você talvez não sinta de imediato, mas foi perdoada. Enquanto você recebe isso, e continua a caminhar em liberdade e não em condenação, os sentimentos a seguirão. Você tem o título: "Perdoada", agora vá vivenciá-lo.

Escolha perdoar

Algumas vezes estamos erradas e precisamos de perdão e outras vezes somos lesadas; alguém nos magoou. Quando eles o fazem, Cristo quer que nós os perdoemos. Mas antes de conseguirmos chegar nesse ponto de liberação e perdão, muitas vezes lutamos com a decisão. Queremos que a outra pessoa "se ligue", que entenda o quanto nos magoou. Talvez queiramos que ele pague ou que seja punido pelo que fez. A carne (a nossa parte humana) e nosso espírito lutam sobre o motivo de precisarmos perdoar.

Talvez tenhamos uma miríade de razões para estarmos machucadas ou com raiva, mas nossa perspectiva muda quando percebemos o que Deus fez por nós. E na luz da misericórdia que ele nos mostrou, podemos estender a mão do perdão para outros. Para ser clara, o perdão nem sempre vem fácil. Queremos que a balança da justiça esteja equilibrada; queremos que as coisas sejam justas. Ainda assim, quando fomos até Deus pedindo por misericórdia, independentemente dos nossos modos insensatos e egoístas, estávamos mais do que confortáveis com a balança pendendo em nosso favor.

Porque ele foi o primeiro a nos perdoar, Cristo nos ordena que perdoemos. E, em um ato de obediência apaixonada àquele que mais nos ama, podemos seguir Efésios 4:31, 32: "Livrem-se de toda amargura, indignação e ira, gritaria e calúnia, bem como de toda maldade. Sejam bondosos e compassivos uns para com os outros, perdoando-se mutuamente, assim como Deus lhes perdoou em Cristo."

O próprio Jesus disse: "Pois se perdoarem as ofensas uns dos outros, o Pai celestial também lhes perdoará. Mas se não perdoarem uns aos outros, o Pai celestial não lhes perdoará as ofensas" (Mateus 6:14,15).

O perdão é um ato da sua vontade, é uma escolha. Escolher perdoar alguém é uma decisão do coração. Você talvez ainda se sinta magoada ou com raiva, mas não precisa ficar carregando isso por aí, no bolso de trás da sua calça. Se eles pediram ou não, se eles mudaram ou não, escolha perdoar.

O perdão liberta. Quando você não perdoa, você é aquela que magoa — física e emocionalmente — e não a outra pessoa. Não deixe que um coração que não perdoa a consuma por dentro e a destrua. Se foi há dez anos ou há dez dias, quando você perdoa fica livre e sem restrições para caminhar para a próxima estação da sua vida. O perdão é o bálsamo que cura o coração. Quando você estiver lidado com a dor, poderá deixar o passado para trás. Você não precisa dirigir pela vida constantemente olhando pelo retrovisor. Porque você está indo adiante, você olha para o vidro da frente com direção ao futuro. Você escolherá o seu caminho e se agarrará à dor ou ao caminho de Deus e perdoará?

> Quando você perdoa, fica livre e sem restrições para caminhar para a próxima estação da sua vida.

LIBERE PARA DEUS EM ORAÇÃO — E PERDOE

O perdão é apenas possível pela graça de Deus. O autor e pastor Robert Jefress tem uma definição simples, porém de efeito, sobre a graça. Ele diz: "A graça é uma decisão deliberada de dar algo bom para alguém que não merece."[11] Deus nos dá força para liberar os outros para a justiça dele, não para a nossa.

Você talvez ache que precise processar a dor antes que esteja pronto para perdoar (veja os Capítulos 3 e 4, caso você já não os tenha lido). Então, em oração, libere a pessoa que a lesou e o que ela fez. Existem duas orações no final do capítulo que você pode usar para orar a sós, mesmo em voz alta, se quiser, para perdoar outras pessoas e encontrar o perdão para si mesma.

O perdão pode eventualmente levar à aceitação. Leva tempo para integrar novas formas de pensar em seu coração e na sua vida. Mas, com o tempo, você será capaz de chegar a um ponto de aceitação de que o seu relacionamento acabou e assimilar essa nova ideia. Talvez não aconteça de uma vez. Mas a aceitação virá, libertando-a para viver a realidade e seguir em frente.

Nem sempre o perdão leva à reconciliação. É importante entender que a reconciliação não é sempre possível, sábia ou segura. Certamente, nós podemos ansiar por um relacionamento restaurado com a pessoa que nos machucou ou podemos detestar a ideia por completo. De uma forma ou de outra, o perdão "anula a dívida, mas não empresta dinheiro novamente até que o arrependimento aconteça".[12]

Em outras palavras: "Um coração que perdoa abre a porta para qualquer batida", de acordo com Dan Allender e Tremper Longman III. "Mas entrar nessa casa (ou seja, no coração) não acontecerá até que os sapatos enlameados e o casaco sujo sejam retirados. O ofensor deve se arrepender se a verdadeira intimidade e reconciliação vão algum dia acontecer."[13]

O perdão não significa que devamos ter um relacionamento ou uma amizade com a outra pessoa ou permitir que ele nos trate mal. Use o discernimento para salvaguardar o seu coração e, a não ser que ele esteja realmente arrependido, fique longe de uma pessoa que a tenha machucado.

Jasmine aprendeu que o perdão e a reconciliação eram duas coisas diferentes, depois de um término que aconteceu há alguns anos. Jasmine e Kurt haviam namorado por mais ou menos dois anos, mas a raiva dele estava ficando cada vez mais fora de controle, avançando para o abuso verbal e físico. Jasmine sabia que ela tinha de escapar daquele relacionamento nocivo.

Um dia, depois que eles haviam finalmente terminado, um palestrante convidado de sua igreja estava falando sobre o tópico do perdão. Era incompreensível para Jasmine como ela poderia algum dia ser capaz de perdoar aquele homem violento. Mas, naquele dia, ela aprendeu que, enquanto Cristo ordenava que ela perdoasse, ele não pedia que ela continuasse a ter um relacionamento com um homem que não demonstrava nenhum remorso. O pastor, com quem ela falou brevemente depois do culto, assegurou-lhe que seria prejudicial e até mesmo perigoso revê-lo, e Jasmine ficou aliviada. Com o tempo, ela o perdoou, mas sabiamente optou por manter distância.

O PERDÃO LEVA À LIBERDADE E PAZ

Eu nunca soube como era a liberdade até que estive livre. Uma pessoa que foi muito perdoada e que escolheu perdoar outras pessoas tem um coração livre. Não é mais uma marionete da dor do erro, ela pode avançar na justiça, garantida por Deus.

"Corro pelo caminho que os teus mandamentos apontam, pois me deste maior entendimento" (Salmo 119:32).

Talvez você tenha visto isso. Pessoas que escolheram perdoar estão mais em paz e têm um coração mais leve porque não estão mais carregando o peso do passado por aí. Seus ombros relaxam, e um sorriso substitui a carranca. Através da maravilhosa graça e misericórdia de Deus, elas nunca mais são as mesmas.

O que está limitando você — amargura, raiva, ressentimento ou ofensa? Talvez seja tempo de liberar o seu vício de agarrar-se e perdoar. Dê a Deus a sua sede, a sua dor e as suas necessidades. Enquanto você escolhe por perdoar e liberar-se, você irá encontrar liberdade e paz.

Sempre é mais escuro antes do amanhecer. Mas lembre-se, a luz do dia está vindo e também o seu progresso.

Oração (quando você precisa se perdoar)

Senhor, entendo que fiz coisas erradas e me desculpo. Por favor, perdoe-me pela minha tolice, ignorância, desobediência voluntariosa e egoísmo. Eu não quero viver longe de ti; quero estar perto daquele que mais me ama, e não longe. Poderias, por favor, me fazer inteira novamente? Lave-me enquanto eu libero perdão. Obrigada por teu amor incondicional e pela tua cura. Obrigada pela tua misericórdia ser renovada a cada manhã. Em nome de Jesus, Amém.

Oração (quando você precisa perdoar outras pessoas)

Senhor, venho a ti e agradeço por você saber de todas as coisas. Você sabe o que aconteceu neste relacionamento. Neste momento trago [diga o nome da pessoa] para você e toda a dor que ele (ou ela) me causou. Por vontade própria não posso deixar isso passar, mas peço, pelo poder do Espírito Santo, para ajudar-me a perdoar. Sopre um vento fresco em minha vida e liberte o ressentimento, a amargura e a sensação de ofensa. Ajude-me a perdoar, pois o Senhor me perdoou. Eu peço por coragem, força e pelo seu poder. Em nome de Jesus, Amém.

LUZ PARA A JORNADA

Se confessarmos os nossos pecados, ele é fiel e justo para perdoar os nossos pecados e nos purificar de toda injustiça (1 João 1:9).

Suportem-se uns aos outros e perdoem as queixas que tiverem uns contra os outros. Perdoem como o Senhor lhes perdoou (Colossenses 3:13).

Não diga: "Eu o farei pagar pelo mal que me fez!" Espere pelo Senhor, e ele dará a vitória a você (Provérbios 20:22).

Não se deixem vencer pelo mal, mas vençam o mal com o bem (Romanos 12:21).

Corro pelo caminho que os teus mandamentos apontam, pois me deste maior entendimento (Salmo 119:32).

ILUMINAÇÃO

1. O que é o perdão?
2. Por que Deus quer que nós perdoemos outras pessoas?
3. Existe uma diferença entre o perdão e a reconciliação?
4. Existem áreas na sua vida que precisem de perdão?

5. Você está ciente que quaisquer problemas, traumas ou dores na infância que estejam emergindo podem ser causas da dor no coração que você está sentindo agora? Quem você precisa perdoar que a ofendeu no passado?
6. Existem coisas que você precisa perdoar na pessoa com a qual você terminou o relacionamento?

Parte 3:
Amanhecer

7. Antes de o sol nascer: Aprendendo a esperar bem

> "A noite está quase acabando; o dia logo vem."
> ROMANOS 13:12

> "Espero no Senhor com todo o meu ser, e na sua palavra ponho a minha esperança."
> SALMO 130:5

É DE MANHÃ BEM CEDO, logo antes de o sol nascer. Não é mais noite, mas ainda não é dia, aquele momento entre horas que sinaliza uma mudança significativa. Com as trevas terminando, e o dia no horizonte, você começa a transitar para um estado completamente novo: acordar e seguir em frente.

O seu coração também está em um momento de transição. Você atravessou a pior parte e agora está mais longe das trevas e mais perto da luz — e do seu novo começo. Enquanto a dor desvanece, você está mais próxima da paz; enquanto a dor no coração desvanece, você está mais próxima da esperança. A fé está superando o medo, e dias melhores estão a caminho.

Contudo, entre a sua separação e dias mais iluminados, ainda existe mais cura para acontecer e mais ainda a aprender.

Nos próximos capítulos, você irá se encontrar despertando para a esperança, restaurando a sua confiança e autoestima, acordando para o resto de sua vida e aprendendo como fazer escolhas mais saudáveis para seu próximo relacionamento.

No meio tempo, como você aprende a esperar — e esperar bem?

Não gostamos de esperar

A maioria de nós não gosta de esperar. Na verdade, nós moramos em um mundo que promove a cultura do instantâneo por meio de comerciais, *outdoors*, propagandas de rádio e anúncios on-line. *Aja agora! Pegue o que você precisar quando você precisar* é a mensagem que estamos saturadas de receber diariamente. Você pode esquentar a sua comida no micro-ondas, ou, melhor ainda, dirigir até um balcão de autoatendimento, em um restaurante de *fast-food* e pegar o seu café da manhã, almoço ou jantar já preparados e prontos para serem consumidos. Podemos encher nossas despensas com caixas de mingau de aveia ou sopas instantâneas, mas quando tentamos conseguir cura instantânea para o nosso coração partido por um término, terminamos insatisfeitos e ainda famintos por esperança.

Quando as coisas parecerem demorar demais para o seu gosto, a gratificação instantânea substitui a espera e nós podemos tomar os problemas em nossas próprias mãos. Tentamos fazer com que algo aconteça. Esperar faz algumas pessoas se sentirem inquietas ou desconfortáveis — é difícil de aceitar a demora. Talvez você esteja com medo de estar perdendo alguma coisa. Talvez esteja cansada da persistente dor no coração e ache que entrar em outro relacionamento logo em seguida irá preencher o vazio. Você não sabe o que fazer com os espaços da vida — como a lacuna interina entre o rapaz que você acabou de deixar e o próximo que irá aparecer na sua vida.

Pelo que estamos esperando?

É uma lição que você aprende e reaprende durante a sua vida inteira: esperar. Quando você é criança, não consegue esperar a hora de crescer ou terminar a escola. Então, você quer que o tempo passe rápido, enquanto espera para saber se conseguirá o emprego que queria. Você se pergunta a razão da demora quando quer encontrar um namorado, esperar por sua ligação ou se comprometer e aguardar pelo casamento.

Muitos fatos da vida parecem ter um intervalo — isto é, quando estamos esperando as coisas acontecerem no tempo em que *nós* achamos que deviam acontecer. As pessoas que são casadas, muitas vezes se perguntam quando terão filhos ou quando os filhos irão crescer. Ansiamos pelo dia em que eles irão conseguir um emprego que lhes pague melhor ou, finalmente, usem seus talentos no trabalho ou no ministério. Nós ansiamos por perder peso, mudar um mau hábito ou finalmente tirar as férias dos nossos sonhos — e nós queremos que isso aconteça imediatamente. Se é por um voo atrasado ou para que os biscoitos fiquem assados, nós esperamos.

Frequentemente, nos perguntamos se é um atraso (irá acontecer algum dia) ou se é uma negação (nunca irá acontecer). Quando meu coração irá parar de doer? Quando encontrarei paz e alegria novamente? Quando será a minha vez de ser a noiva em vez de ser a eterna dama de honra? Quando será a minha vez no amor?

Esperamos por orientação, direção e por respostas — ou não — e pagamos pelas consequências.

Consequências de não esperar por Deus

Se a espera é uma dádiva, então precisamos decidir se vamos esperar em Deus e aprender a esperar corretamente, ou se iremos forçar as coisas a acontecerem, por conta própria, e desobedecer completamente. De qualquer forma, iremos lidar com os resultados.

Por exemplo: se você ultrapassa um sinal fechado, outro carro pode atravessar o cruzamento e colidir com você, machucando-a e destruindo o seu carro. Ou, se você começar outro relacionamento romântico sem esperar o tempo de Deus, carregará a dor ainda não curada com você e, dessa forma, não será capaz de dar, nem receber o amor da forma mais estável ou emocionalmente saudável possível. Você pode terminar afastando a outra pessoa ou destruindo o próximo relacionamento porque, simplesmente, não está pronta.

Existem consequências por não esperar por Deus.

Séculos atrás, uma mulher chamada Sara resolveu os problemas com as suas próprias mãos e o mundo continua convivendo com as consequências da decisão dela até hoje. O marido de Sara, Abraão (Abrão), foi chamado por Deus para ser "uma grande nação" (Gênesis 12:2) e foi informado que a sua prole seria como as estrelas nos céus — incontáveis (Gênesis 15:5), mas o casal não tinha filhos e já com a idade bem avançada. Não obstante, Abraão acreditava em Deus. Sara tinha dificuldades com isso. O resto da história acontece em Gênesis capítulos 16 e 17.

Sara (que era chamada Sarai naquela época) queria que as coisas acontecessem mais rápido e da sua maneira, então disse para o seu marido que fosse dormir com a sua serva, Hagar, e constituísse uma família através dela. Abrão concordou e, meses depois, Ismael nasceu. Mas antes que o bebê chegasse, Sarai teve uma atitude má e começou a desprezar e maltratar a mãe substituta, Hagar. Então, a serva fugiu para o deserto, onde um anjo do Senhor a encontrou e disse que voltasse. O anjo afirmou-lhe que seus herdeiros seriam muito numerosos até para serem contados, e que o garoto deveria se chamar Ismael, que significa "Deus ouve". Junto a isso, Hagar soube que esse filho seria "como jumento selvagem; sua mão será contra todos, e a mão de todos contra ele, e ele viverá em hostilidade contra todos os seus irmãos" (Gênesis 16:12).

Abrão já estava com 99 anos. Deus, então, muda o nome dele para Abraão ("pai de muitos") e o de sua esposa para Sara, e confirma que ambos seriam muito férteis e abençoados.

Finalmente, o filho da promessa nasceu. Em Gênesis 21, nós aprendemos que o Senhor fez o que dissera. "Sara engravidou e deu um filho a Abraão em sua velhice, *na época fixada por Deus em sua promessa*. Abraão deu o nome de Isaque ao filho que Sara lhe dera" (Gênesis 21:2,3, grifo meu). A nova mãe continua: "Deus me encheu de riso, e todos os que souberem disso rirão comigo" (Gênesis 21:6).

Deus tem bons motivos para prolongar-se. Nós talvez não entendamos sempre o que ele está fazendo e por que, mas Deus quer que nós obedeçamos aos seus comandos — não porque ele seja um duro exator, mas para nos proteger e nos guiar. Aprendendo a obediência, também aprenderemos a sabedoria.

Assim como é sábio manter as suas mãos longe do casulo de uma borboleta que está nascendo. Talvez você queira auxiliar, mas não é sábio abri-lo para ajudar a pequena criatura. Ela precisa desenvolver a sua força enquanto sai de seu abrigo temporário ou então morrerá. Saiba quando manter as suas mãos longe e confiar na maneira de Deus e no seu tempo para as coisas que irão acontecer.

Como esperar bem

Você já notou que Deus frequentemente não está com pressa? Na Bíblia, nós vemos um sem-número de exemplos semelhantes ao da história acima, como Abraão e Sara esperaram anos por um filho. José, um jovem rapaz vendido por seus próprios irmãos, viveu em escravidão (e por vezes, na prisão) por trinta anos, antes de ascender para uma poderosa posição no Egito. E Jacó trabalhou por 14 anos antes de ser libertado por Labão, para quem trabalhou para merecer o direito de se casar com suas duas filhas. Ele trabalhou mais seis anos pelos seus rebanhos.

Deus não parece ter pressa porque não segue o nosso tempo, nós seguimos o dele. Muitas vezes tendemos a estar mais focadas nos *resultados* do que no *processo* de chegar lá. Enquanto nós pensamos que nada está acontecendo nos momentos em que esperamos, Deus está preparando-nos e posicionando-nos para o que está por vir.

A verdade é Deus, e nós nunca iremos saber suas razões por completo. Mas nós podemos nos consolar no fato de que ele é bom, amoroso e fiel — e sempre está operando, mesmo no escuro, juntando os pedaços da nossa vida para seus bons propósitos.

Em tempos de espera em nossa vida, aprendemos que:

A espera é ativa. Esperar é mais do que passar o tempo; é *não* fazer nada. A *função da espera* é acreditar em Deus. Não apenas acreditar *em* Deus, mas confiar *nele*. É confiando e tendo fé que aquele que nos delicia ao se doar, irá prover o que é melhor para cada uma de nós. É um momento proativo, não passivo. Você irá descobrir neste capítulo o que pode fazer enquanto espera.

Esperamos por Deus, não por um homem. Esperar por Deus e não por um homem (ou por você) faz toda a diferença. Deus tem bons propósitos, então a espera não é em vão. Você não precisa ter medo de que Deus se esqueça. Ele conhece o seu coração, sabe que você quer amor, afeição e atenção. Você pode ter confiança e ficar forte quando é por ele que você espera. "Descanse somente em Deus, ó minha alma; dele vem a minha esperança. Somente ele é a rocha que me salva; ele é a minha torre alta! Não serei abalado!" (Salmo 62:5,6).

> A *função da espera* é acreditar em Deus. Não apenas acreditar *em* Deus, mas confiar *nele*.

Então, em vez de focar no que você acha que deseja (um namorado, um marido — o presente), foque no Doador das boas coisas. Podemos esperar sabendo que ele irá nos responder, seja com "sim", "não" ou "espere". O Salmo 38:15 diz: "Senhor, em ti espero; tu me responderás, ó Senhor meu Deus."

Esperar nos deixa mais perto de Deus. Suportar a demora constrói intimidade e um relacionamento mais próximo com ele. Jerome Daley em *When God Waits* [Quando Deus espera] afirma: "O maior propósito de Deus, em momentos de espera, é trazer-nos mais próximos a ele mesmo, para revelar a profundidade do seu comprometimento com você e lhe equipar para o seu destino."[1] O salmista diz: "Descanse *somente em Deus*, ó minha alma; dele vem a minha esperança. Somente ele é a rocha que me salva; ele é a minha torre alta! Não serei abalado!" (Salmo 62:5,6, grifo meu).

Enquanto leio o meu diário dos anos que passei na escuridão do pós-término, posso ver o quanto mudei. Posso ver crescimento. Naquele período de espera, o amor de Deus por *mim*, não o amor geral dele pela humanidade, tornou-se mais aparente e intenso; eu o experimentei em níveis mais profundos do que jamais poderia imaginar. Aprendi que em nossa fraqueza, Deus é forte, e a força dele precede a vitória.

Uma das maiores lições que aprendi no meu período de espera foi a *total dependência em Deus* — não um pouco de dependência quando eu sentia que precisava — mas confiança total. Como 2 Coríntios 1:9 diz, nós aprendemos "que não confiássemos em nós mesmos, mas em Deus".

Depender totalmente de Deus significa que não sejamos tão cheias de orgulho a ponto de que pensemos ser capazes de levar essa vida por nós mesmas. Enquanto o seu término parece ficar mais distante e você se percebe sentindo-se emocionalmente mais forte, pode pensar que é capaz de levar sua vida sozinha. *Eu assumo a partir de agora, Deus,* você pensa. *Eu dou conta.* Sério? Quando não vemos nada acontecendo, talvez nos retiremos por pura tolice e tentemos fazer as coisas por nós mesmas. Podemos ser confiantes, mas não orgulhosas; seguras, mas não tolas.

A espera acontece por um propósito. Deus usa os momentos aparentemente mortos de nossa vida para curar e prepara nosso coração para a próxima fase em que viveremos. Pense em seu coração como um campo em repouso. Como o fazendeiro que deixa sua terra sem plantações por uma estação, o seu coração pode se sentir estéril ou vazio, mas é apenas por um tempo. Deixar a terra descansar restaura o solo e repõe os nutrientes para que uma plantação melhor e mais saudável cresça da próxima vez. Da mesma forma, o seu "meio tempo" pode ser um momento de cura e de reposição para o terreno do seu coração e, com o tempo, prover uma produção melhor e mais saudável com relacionamentos — e com a vida.

Deus mantém o tempo perfeito. As coisas se desenrolam "a longo prazo" quando ele está pronto, quando as circunstâncias estão prontas ou quando nós estamos prontas. Você não pode dizer para um recém-nascido correr uma maratona e então ficar decepcionada quando ele não o fizer. Ainda não está na hora. Ele precisa crescer primeiro e ganhar força e músculos. Você não pode ordenar a um botão de rosa fechado: "abra agora!" Simplesmente não vai acontecer. No tempo certo, a flor graciosa desabrocha. Uma linha em um poema que eu escrevi denominado "Uma hora para tudo" diz: "Para tudo há um tempo e uma hora, para nossa vida desenrolar e para as rosas florescerem. Existe uma razão e um propósito para cada atraso, e com paciência e tempo nós chegaremos lá um dia." A libertação chegará; a cura virá; confie no tempo de Deus. "Ele fez tudo apropriado ao seu tempo" (Eclesiastes 3:11).

> Deus usa os momentos aparentemente mortos de nossa vida para curar e preparar nossos corações para a próxima fase em que viveremos.

A espera é um momento de cura, transformação e de preparação. Você faz a sua parte, e Deus faz a dele. Em vez de sentar no sofá comendo batatinhas, esperando que a tristeza do término desapareça e que Deus jogue o príncipe encantado à sua porta, você tem coisas a fazer. A arte de saber esperar começa quando você aprende como viver *enquanto espera*.

Enquanto você espera, prepare. Romanos 13:12 diz: "A noite está quase acabando; o dia logo vem. Portanto, deixemos de lado as obras das trevas e revistamo-nos da armadura da luz." O que você precisa deixar de lado? O que você precisa vestir?

Primeiro nós nos despimos ou deixamos que Deus lave o pecado em nossa vida. "Comportemo-nos com decência, como quem age à luz do dia, não em orgias e bebedeiras, não em imoralidade sexual e depravação, não em desavença e inveja" (Romanos 13:13). Limpas, nós vestimos o caráter do Cristo. "Ao contrário, revistam-se do Senhor Jesus Cristo, e não fiquem premeditando como satisfazer os desejos da carne" (Romanos 13:14). Despir-se e vestir-se. Esteja pronta.

Algumas vezes precisamos desenvolver mais a nossa vida interior para que estejamos prontas para a próxima estação que Deus preparou para nós. Passamos uma quantidade enorme de tempo cuidando do exterior de nossos corpos, cuidando de roupas, cabelo e maquiagem, mas também temos de crescer por dentro. Por exemplo, como você pode restaurar a sua confiança desgastada e a sua autoestima? Você irá descobrir no capítulo 9. Ou, o que você quer fazer de forma diferente no seu próximo relacionamento? Leia o Capítulo 11.

A preparação para o crescimento por dentro começa quando "crescemos para dentro", como as raízes ou o bambu. Pelos primeiros seis anos, um sistema extenso de raízes se desenvolve embaixo da terra. Se você ficasse parado ali e procurasse onde o bambu havia sido plantado, iria pensar que nada estava acontecendo. Finalmente, no sétimo ano, o bambu cresce até chegar a quase 9 metros de altura! Mas apenas com um sistema de raízes tão bem distribuído a árvore teria o suporte de que precisa para um crescimento tão rápido. Apesar de parecer que nada estava acontecendo, Deus estava no trabalho, preparando-o para o crescimento. *Enquanto você espera, ore.* Você nunca vai errar quando coloca Deus em primeiro lugar. Esperar é um momento de realinhamento, de colocação das coisas certas em primeiro lugar e alinhamento do seu coração com o de Deus novamente.

Você pode achar que está ocupada demais e não tem tempo para orar. Mas não pense nisso como *gastar* tempo em oração, mas em *investir* tempo em oração. Da mesma forma que você investe seus recursos financeiros para obter retorno, pode investir tempo em oração e o retorno será maior do que qualquer coisa que você possa imaginar. Oração respondida, sim, porém mais importante do que isso, um relacionamento mais próximo, mais agradável com Deus. E.M. Bounds disse uma vez: "A meta da oração é o ouvido de Deus, uma meta que só pode ser atingida pela espera paciente, contínua e continuada por ele, derramando nossos corações e permitindo que ele fale conosco. Apenas por meio disso poderemos conhecê-lo melhor, e enquanto aprofundamos nosso conhecimento a seu respeito, mais tempo passaremos na sua presença, o que será para nós um prazer constante e sempre crescente."[2]

Deus conhece os desejos do seu coração, e a escuta quando chama por ele. "Alegrem-se na esperança, sejam pacientes na tribulação, perseverem na oração" (Romanos 12:12). Ore.

Enquanto espera, tenha paciência. "Descanse no Senhor e aguarde por ele com paciência" (Salmo 37:7). Você não pode apressar o processo de cura de um coração partido. Você não pode fazer com que um novo relacionamento venha até você mais rápido. Como nós suportamos a demora quando não sabemos quanto tempo levará para chegarmos ao nosso destino ou se conseguiremos chegar lá?

A vida muitas vezes tem reviravoltas inesperadas, e nós precisamos de paciência — persistência e força. Felizmente, Deus nos dá orientação para permanecer no caminho certo. Nosso trabalho é ouvi-lo e obedecê-lo.

Na costa oeste do lago Michigan, pela costa de Wisconsin, está a praia Harrington. Em um sábado de sol, decidi dirigir até lá, o que, de acordo com o mapa, deveria levar menos de duas horas, saindo de minha casa em Milwaukee. Após dirigir por algum tempo, finalmente podia ver o lago à minha direita e pensei que logo estaria em meu destino. Mas, de repente, a rodovia virou para o interior e logo eu estava passando por fazendas e celeiros de um vermelho vivo. *Este não pode ser o caminho,* pensei. *Eu quero ir à praia, e mesmo assim estou dirigindo pelo interior e passando por fazendas!*

Finalmente, havia uma placa que apontava para a estrada certa que me levaria à praia. Estacionei meu carro e andei por um curto caminho arborizado, vendo a extensão de areia e a água mais maravilhosa que já havia encontrado em uma praia do meio oeste. À minha volta, quilômetros de areia convidavam-me a uma caminhada. As ondas quebravam na costa, as gaivotas grasnavam e uma leve brisa soprava do lago, refrescando-me.

Deus sabia o tempo todo que eu iria chegar à praia, mesmo enquanto dirigia em estradas cheias de curvas, que pareciam ir na direção contrária. Ele sabia o caminho, eu não. E aprendi uma grande lição sobre confiança e paciência naquele dia. Esperar significa que confiamos que Deus está nos levando, nos guiando e nos dirigindo. Assim, suportaremos a demora mesmo quando a jornada não progredir da forma como *nós* gostaríamos.

Enquanto espera, descanse. O descanso é saudável para o corpo e para a alma. "Venham comigo para um lugar deserto e descansem um pouco" (Marcos 6:31). Jesus disse essas palavras para seus apóstolos e também nos solicita o mesmo.

Mark Buchanan, em *The Rest of God: Restoring Your Soul by Restoring Sabbath* [O descanso de Deus: restaurando sua alma pela restauração do sábado], disse que o descanso é tão essencial para o nosso bem-estar quanto comida e água. Isso me faz parar para pensar. Sem comida e água morreríamos. Sem descanso, morreríamos internamente. Buchanan afirma: "Nós simplesmente não temos separado um tempo. Não nos mantemos parados por tempo suficiente, com frequência suficiente para conhecer a nós mesmos, aos nossos amigos e à nossa família. Nosso Deus. Realmente, a pior alucinação que os negócios invocam é a convicção de que *eu* sou Deus. *Tudo depende de mim. Como as coisas certas acontecerão, no momento certo, se eu não estiver pressionando, influenciando, vigiando e me preocupando?*"[3]

Enquanto espera, escolha a alegria. É realmente possível ter alegria, quando você sente qualquer coisa, menos alegria? Em Tiago 1:2 nós lemos: "Considerem motivo de grande alegria o fato de passarem por diversas provações." *O quê? Por quê?* O autor continua com a razão: "Pois vocês sabem que a prova da sua fé produz perseverança. E a perseverança deve ter ação completa, a fim de que vocês sejam maduros e íntegros, sem lhes faltar coisa alguma" (Tiago 1:3,4).

Apesar das circunstâncias em sua vida, seja um homem ou não, você pode fazer uma escolha pela alegria. A felicidade pode ir e vir, mas a alegria é muito mais estável. Porque Deus está no controle, você pode ter paz. Porque você envia suas preocupações para Deus e não as carrega, pode depender, completamente, da força divina. E, então, um coração mais leve emergirá. As coisas podem não ter mudado, mas você mudou. Não importa o que esteja acontecendo ou não em sua vida agora, banhe-se na alegria do Senhor.

Uma das passagens mais belas das Escrituras que falam sobre escolher a alegria é encontrada em Habacuque 3:17,18:

> Mesmo não florescendo a figueira, e não havendo uvas nas videiras, mesmo falhando a safra de azeitonas, não havendo produção de alimento nas lavouras, nem ovelhas no curral nem bois nos estábulos, ainda assim eu exultarei no Senhor e me alegrarei no Deus da minha salvação.

Aqui está a minha tradução de Habacuque 3:17,18 para solteiras:

> Apesar de o relacionamento não ter florescido e de não existirem homens ao telefone, apesar de a conexão amorosa ter falhado e de o homem não oferecer um anel, apesar de não existirem namoros em meu planejamento diário e nenhum rapaz à minha porta... ainda assim eu exultarei o Senhor e me alegrarei no Deus da minha salvação.

Enquanto você espera, confie no tempo de Deus. Deus está sempre agindo. Nós precisamos ter fé e acreditar que o tempo dele é perfeito e que os seus caminhos são para o nosso próprio bem. Na plenitude do tempo, as coisas acontecem. O relógio dele não é lento, nem rápido, mas sempre está na hora certa. Ele nunca precisa de bateria nem de ser recarregado, e nunca para. No entanto, muitas vezes, está em um ritmo diferente do nosso.

Em 2 Pedro 3:8,9 lê-se: "Não se esqueçam disto, amados: para o Senhor um dia é como mil anos, e mil anos como um dia. O Senhor não demora em cumprir a sua promessa, como julgam alguns. Ao contrário, ele é paciente com vocês, não querendo que ninguém pereça, mas que todos cheguem ao arrependimento." Não importa o que você esperando, Deus será fiel a você. Talvez seja um novo relacionamento, ou um casamento, ou talvez seja algo que você nunca esperou. Tudo o que Deus nos dá, é um presente a ser valorizado.

Durante anos, minha amiga Laura Lea ansiou por se casar, ter filhos, e cuidar de uma casa. Ela era uma professora e não conhecia muitos homens que trabalhassem em sua escola. A maior parte das pessoas na igreja dela também era casada, então não havia muitos pretendentes por lá também. Assim, ela continuou sua vida, e confiou em Deus. Passou seu tempo com a família e amigos, permaneceu firme no Senhor, e até foi para a Rússia por um ano para trabalhar em um orfanato.

Quando ela estava com quase 40 anos, uma das mães do conselho da escola de Laura Lea perguntou a ela se estaria interessada em conhecer um homem chamado Harry. A mãe vinha orando por um marido para Laura. Ela sentiu em seu coração que eles deviam se conhecer. Então Laura Lea conheceu Harry em um jantar em um restaurante, e Harry disse para Laura Lea: "Você me conquistou desde o seu olá." Desde então eles estão casados e têm gêmeos adoráveis.

Enquanto você espera, persevere. Continue em sua jornada de cura e não desista. Você irá conseguir — mesmo quando achar que não! Gálatas 6:9 afirma: "E não nos cansemos de fazer o bem, pois no tempo próprio colheremos, se não desanimarmos."

Com certeza, não é sempre fácil seguir em frente. Nós nos cansamos. Desencorajamo-nos, nem sempre vemos os resultados. No filme *Cast Alway* [O náufrago], o personagem de Tom Hanks, Chuck, fica sozinho em uma ilha deserta e o seu único "amigo" é uma bola de vôlei chamada Wilson que, um dia, foi trazida pela maré. Ele ficou lá por muito tempo, e não tinha a mínima ideia se alguém viria resgatá-lo.

Finalmente, quatro anos depois, um grande pedaço de plástico resistente é trazido pela maré, o que lhe permitiu construir uma canoa. E, depois de muitos dias no mar, Chuck é resgatado por um barco que passava. Uma vez em casa, um amigo perguntou como ele conseguiu sobreviver durante esses dias longos e solitários, e Chuck respondeu: "Você só tem de continuar respirando porque um dia a maré irá mudar — e você nunca sabe o que a maré vai trazer com ela." Continue respirando, continue confiando em Deus, e se apoie na esperança.

Seja lá pelo que você esteja esperando — por seu coração parar de doer, por um novo relacionamento, por um emprego melhor ou que seus antigos sonhos se realizem, insista. E acredite que todas as coisas realmente cooperam para o seu bem (Romanos 8:28).

Enquanto você espera, viva o "hoje" e olhe à frente. Superar um relacionamento com alguém com que você realmente se importava ou amava pode ser difícil — muito difícil. Algumas vezes, você pode deixar que seus pensamentos permaneçam no passado, ou ansiar por um tempo que não existe mais. Você pode ficar obcecada com relação a uma pessoa que não está mais disponível, e isso pode afetar a sua autoestima assim como evitar que você caminhe em direção ao seu futuro — e à vida de alguém que mutuamente irá amá-la com amor real e verdadeiro.

Demorou alguns anos para que Travis olhasse para frente com esperança em vez de olhar para trás por cima de seu ombro. Esquecer Hannah foi a coisa mais difícil que ele já fez.

Travis e Hannah se conheceram na igreja e foram muito amigos por dois ou três anos antes de começarem a namorar. Eles passaram muito tempo juntos e até viajaram de férias juntos com seus filhos de casamentos anteriores. Travis estava apaixonado e faria tudo por aquela mulher — ele utilizou suas habilidades como faz-tudo e consertou a casa dela, cuidava do cachorro quando ela estava fora da cidade, e recebia os filhos dela em sua casa quando ela precisava de um tempo. Claro, era gentil da sua parte fazer todas essas coisas em um relacionamento em que havia compromisso. No entanto, quando eles terminaram, ele continuou a dar-lhe assistência, e ela começou a se aproveitar da situação.

Enquanto Hannah só queria uma amizade, Travis ainda queria se casar com ela e achava insuportável a ideia de se separar da pessoa com quem sua vida esteve tão entrelaçada.

Ao longo dos anos seguintes, eles alternavam entre estar separados e se relacionarem novamente, como um casal, mas Travis não conseguia deixá-la ir. Finalmente ele chegou a um ponto em que percebeu que estava sempre se doando e

Hannah sempre recebendo, e naquele momento tomou a decisão de seguir em frente. Travis queria alguém com quem o amor fosse recíproco, e não unilateral. Então disse a ela que eles precisavam evitar qualquer tipo de contato que mantinham um com o outro, pelo menos por um tempo. Só assim Travis poderia se libertar dela, se curar e seguir em frente com a sua vida.

Então, por um tempo, não houve telefonemas, torpedos ou e-mails. Ele a bloqueou no Facebook e tirou todas as fotos que tinha dela em casa. Já era tempo. Mas também era imensamente difícil, como se desintoxicar de uma droga. Travis sabia que possivelmente, tudo ficaria bem, pois com o tempo o desejo por ela iria desaparecer.

Deus deu-lhe força emocional para libertar o que ele havia segurado com tanta força por tantos anos. Em vez de se fixar no passado, ele começou a olhar para frente — olhando em direção ao seu futuro — em direção ao nascer do sol. Estava aprendendo a viver no presente e tinha esperança em seu recomeço. Tomou a iniciativa de desenvolver novas amizades e entrar em contato novamente com pessoas que ele conhecia de estudos bíblicos e da igreja.

Em Isaías 43:18,19 lê-se: "Esqueçam o que se foi; não vivam no passado. Vejam, estou fazendo uma coisa nova! Ela já está surgindo! Vocês não a reconhecem? Até no deserto vou abrir um caminho e riachos no ermo." Travis não tinha a menor ideia de que algo novo e bom estava a ponto de inundar seu coração seco e revigorar a sua vida.

Enquanto processamos a dor e a liberamos por meio do poder do perdão, aprendemos a viver no presente. Podemos estar bem com o agora e olhar para frente com esperança.

A ESPERA PURIFICA A SUA ESPERANÇA EM DEUS

A espera constrói o caráter, fortalece a nossa dependência de Deus, e nos leva para mais perto dele. Ela nos protege do mal e cresce dentro de nós. A espera acontece por uma razão: "Deus nos permite esperar — não para nos punir, nem porque ele nos esqueceu, mas porque a nossa espera é o recipiente que ele usa para purificar a nossa esperança nele" diz Dan Allender.[4]

Logo será manhã, seus dias serão melhores e mais claros. Os primeiros raios de luz começam a aparecer no céu, ao leste — e também aparecem os primeiros raios de esperança.

ORAÇÃO

Senhor; é difícil não viver em tempo integral e algumas vezes é realmente difícil esperar. Eu quero que a dor vá embora. Quero me sentir melhor e encontrar um novo amor. E ainda assim, as tuas prioridades são diferentes das minhas. Ajude-me a aprender a esperar com tranquilidade pelo que está à minha frente. Ajude-me a lembrar que tens um tempo perfeito. Enquanto espero em ti, Senhor, mostre-me como me preparar. Ensina-me a orar, a ter paciência e a perseverar. Preencha-me com a tua alegria enquanto descanso e confio em ti. Em nome de Jesus. Amém.

LUZ PARA A JORNADA

Senhor, em ti espero; tu me responderás, ó Senhor meu Deus! (Salmo 38:15).

> Coloquei toda minha esperança no Senhor; ele se inclinou para mim e ouviu o meu grito de socorro (Salmo 40:1).

> Espero no Senhor com todo o meu ser, e na sua palavra ponho a minha esperança (Salmo 130:5).

ILUMINAÇÃO

1. O que significa "esperar bem"?
2. O que ajuda você a não tomar os problemas em suas mãos e esperar por Deus?
3. Qual é a parte mais difícil em esperar para você?
4. Quais são as lições importantes que você aprendeu até agora? Ore e peça a Deus para que lhe revele o que a está mantendo presa ao passado.

8. Primeira luz:
O acordar da esperança

> "Mesmo que você não esteja pronta para o dia, não pode ser sempre noite".
>
> Gwendolyn Brooks, poeta

Onde eu moro, no sopé das Montanhas Rochosas, o nascer do sol é espetacular. Os dedos da aurora rastejam através das planícies ao Leste, iluminando gradualmente o horizonte da cidade, a luminosidade aumenta e revela — como as luzes em um palco — o esplendor do majestoso Pico Pike coberto de neve. Você quase pode ouvir o Criador sinalizando à sua criação: "Prossiga manhã; deixa um novo dia começar!"

O sol dá adeus à escuridão, e a terra acorda. É um novo começo também na terra do seu coração, enquanto a dor residual do término desaparece e a esperança acorda. O sofrimento está se transformando em cura.

Ao romper do dia, os pássaros cantam alegremente, o despertador toca (não tão alegremente), e a luz do sol entra pela fresta da janela do seu quarto anunciando a chegada da manhã. O aroma de café fresco ou de chá quente também sinaliza isso.

Contudo, para algumas pessoas é difícil acordar e seguir em frente. Nessa fase meio-dormindo mas ainda não acordada, elas acordam, se mexem um pouco, bocejam e se espreguiçam, e então viram de lado e dormem novamente. Elas não querem acordar ainda. É muito cedo, ou estão muito cansadas, ou elas simplesmente não tiveram motivação para sair da cama. Talvez elas queiram se apoiar nos últimos vestígios da noite e continuar na escuridão.

Outras abençoam seus corações ao dizer "eu sou uma pessoa da manhã", estão exuberantes ao romper da aurora. Elas saem da letargia com a intensa energia do Tigrão, amigo do Ursinho Pooh, saltitantes e prontas para começar o dia.

De qualquer forma, sair da cama é uma escolha. Da mesma forma que ter esperança é uma escolha. Você pode escolher continuar dormindo no escuro da amargura, do ressentimento e da desesperança. Com as cortinas fechadas, não permite que nenhuma luz penetre em seu coração, você se afunda, se deprime e se mantém em depressão.

Ou, em lugar disso, você poderia escolher seguir o caminho da esperança e ao manter a esperança, optar por seguir em frente, em direção à luz do dia — em direção a uma vida repleta de muita paz, alegria e plenitude. O resultado de cada caminho é completamente diferente.

Não estar pronta para a luz do dia

Se você ainda não está pronta para o dia, talvez hesite em andar para frente por muitas razões. Talvez a sua mente continue retornando à travessa da Memória, quando as coisas eram boas e a vida era mais feliz. Ou o seu estresse e sua obsessão tenham origem na ideia de que talvez ele reconsidere. Talvez você se sinta como se fosse, emocionalmente falando, uma sonâmbula, passando pelos conflitos da vida, mas você não está completamente consciente ou acordada por dentro. Por qualquer que seja a razão, a esperança está ativa, mas ainda está prejudicada.

O problema é que ao ser magoada e ter as suas esperanças despedaçadas, pode ser difícil você seguir em frente e ter esperança — não apenas em um novo relacionamento, mas na vida. Especialmente se terminou vários relacionamentos, você se cansa de repetir a decepção. Machuca. É difícil. E você nunca mais quer passar por isso novamente. Então você coloca a esperança para dormir em sua vida porque não quer se decepcionar de novo. Você está presa à sua história.

É hora de se levantar.

Claro, ajustar-se à luz pode ser difícil no começo. Muitas vezes quando abro minhas persianas pela manhã e a claridade preenche o quarto, tenho de piscar primeiro. Leva tempo para meus olhos se ajustarem, assim como leva tempo para o seu coração se ajustar ao sair das trevas do desespero para a luz da esperança.

Ligando pontos

Existe um ponto específico em que a noite se torna dia, ou a dor se torna esperança? Se existe um "ponto de ruptura", existe também um "ponto de ligamento?"

O amanhecer se transforma em dia gradualmente, não de repente. Da mesma forma, a cura do coração que passou por uma separação é um processo. E depende de uma série de ações e escolhas. Curar leva tempo, e uma incontável quantidade da verdade de Deus precisa ser derramada em você para combater sentimentos e mentiras ditas, tais como: irá doer sempre, isso nunca irá sarar, ou você nunca encontrará o amor novamente.

Meu amigo Ken uma vez comentou comigo sobre a mudança das estações, e como você nem sempre percebe o ponto exato em que a transição aconteceu. É gradual, e vai ao seu encontro quando você menos espera. Mas um dia você percebe que o mundo sem vida e cinzento que nós conhecemos por meses se transformou em céus azuis e floresceu. *Quando isso aconteceu?* Você enxerga os efeitos, mas talvez não tenha a exata consciência do momento em que a mudança ocorreu.

Talvez não haja um "ponto de ligamento" específico na sua cura; ele pode ser uma série de momentos ou de progressões de pontos de ruptura. Momentos como ouvir as palavras consoladoras de um amigo, ou ler uma citação esclarecedora em um livro, ou aprender uma lição com a natureza, ou sentir o calor inesperado da presença de Deus envolvendo você, podem fazer você acordar e compreender que um dia tudo ficará bem. E você estará bem em seu caminhar em direção ao dia — e à esperança.

Ainda assim, muitas vezes, esperei que a transição da dor à esperança pudesse ser mais fácil, mais clara. Quando você decide fazer uma viagem e pega um mapa, pode localizar um ponto de partida e um ponto de chegada específicos. Junto a isso, você estabelece uma direção e, ao chegar, sabe que alcançou o seu destino.

Em um mundo de separações, não há um mapa perfeito. Existe um caminho que cada um de nós segue. Existem boas ideias e orientações — e certamente a Palavra de Deus — mas *como* essa combinação funciona para levá-la a um lugar melhor e que seja destinado exclusivamente a cada um de nós. Não há uma placa de madeira que lhe indique o exato momento em que você está saindo da dor e entrando na paz, como em "Você agora está deixando a terra da perda" ou "Seja bem-vinda à terra dos novos começos". Você tem de andar pela fé.

E você deve escolher que estrada pegar.

O "GRANDE DESPERTAR" DO CORAÇÃO

O tempo passou desde o término de seu relacionamento. Passaram-se semanas, meses ou anos, eventualmente o seu eu letárgico acorda e a luz da verdade de Deus lhe traz uma revelação maior. Você tem mais consciência, discernimento e clareza sobre a sua dor e sobre o término do seu relacionamento. Você percorre um longo caminho em sua jornada pela cura.

E agora você se encontra em uma encruzilhada. Existe uma bifurcação na estrada, e diante de você existem dois caminhos. Um é o caminho da esperança — a Estrada da Esperança. O outro é o caminho da desesperança — Estrada da Desesperança. É um momento de definição, ter esperança ou não. Que estrada você vai pegar?

A Estrada da Desesperança segue a trilha da desolação. Você só quer desistir. Não quer mais lidar com essa coisa de "superar o término"; você quer ficar dormindo e sucumbir às trevas da decepção. É muito difícil, e está demorando demais.

Você aparece no trabalho ou em um almoço com os amigos, mas uma parte de você não está lá. Você está em algum tipo de isolamento; as luzes estão acesas, mas é como se não tivesse ninguém em casa. Você foi rejeitada e parece não conseguir superar isso. De alguma forma você acha que um coração partido é incurável.

No entanto, cuidado: pegar a Estrada da Desesperança é perigoso. E não tomar uma decisão sobre que caminho pegar é por si só uma decisão. É compreensível ter um coração pesado depois de um término de relacionamento, mas não "perder o ânimo". A resignação à desilusão pode levar ao isolamento, à alienação e a mais miséria. Você pode até mesmo, muitas vezes, perder o apoio, o amor e a amizade, que são coisas de que você precisa muito.

A Estrada da Desesperança ou a Estrada da Esperança? A escolha é sua. Deus a "chamou das trevas para a sua maravilhosa luz" (1 Pedro 2:9). Como você irá responder?

O CAMINHO DA ESPERANÇA

Escolher a Estrada da Esperança é trilhar um caminho de "oração por vez; uma escolha por vez" que leva a uma atitude mais plena e saudável e à vida. Você começa ao dar seus primeiros passos. Enquanto caminha, obstáculos podem aparecer em seu caminho, mas você os ultrapassará com a ajuda de Deus. Quando escolhe seguir a Estrada da Esperança, e se manter nela, aprende a ouvir e a obedecer às palavras de Deus e a tomar uma atitude.

> Escolher a Estrada da Esperança é trilhar um caminho de "oração por vez; uma escolha por vez" que leva a uma atitude mais plena e saudável e à vida.

Você também tem um sentido de direção indicando que está a caminho de um lugar melhor — a vida abundante — a vida rica e plena que Jesus prometeu para nós em João 10:10: "Eu vim para que tenham vida, e a tenham plenamente." A vida abundante não é sobre acumular coisas, é sobre ser espiritualmente plena, manifestar como a bondade de Deus em sua vida não é sombria nem vazia. É aprender a andar vitoriosa, não sendo uma vítima das circunstâncias, e encontrar a satisfação e a jubilosa certeza por saber quem você é e de quem é.

Primeiros Passos

É preciso coragem para iniciar um novo caminho. Começar com hesitação ou com uma atitude entusiasmada de vamos-ter-uma-aventura não é importante. O importante é que você comece — e continue escolhendo a esperança. Você procura o Senhor e ouve a sua orientação: "Quer você se volte para a direita quer para a esquerda, uma voz atrás de você lhe dirá: 'Este é o caminho; siga-o'" (Isaías 30:21).

Ao dar o primeiro passo, depois outro e outro, você deixa o antigo lugar de ruptura e escombros, carregado de complicações e perguntas sem respostas. Mesmo quando o futuro é incerto e parece que um nevoeiro matutino paira sobre o seu coração, vá em frente. Pois assim como a neblina baixa da manhã em São Francisco, possivelmente ele irá desaparecer e a claridade virá. Os seus dias de céu azul irão voltar. Tenha esperança.

Obstáculos para a Esperança

Esteja certa, porém, que andar com a esperança não é como estar em um desenho da Disney onde pássaros azuis carregando fitas coloridas mostram o caminho, esquilos acenam enquanto você desce pelo caminho e margaridas se abrem instantaneamente sob os seus pés. Enquanto você anda pela Estrada da Esperança, talvez encontre obstáculos e barreiras. Talvez não seja capaz de ver o caminho à frente ou pode se sentir perdida. O que pode bloquear a esperança?

Não saber a diferença entre a falsa esperança e a esperança verdadeira. Depois que um relacionamento termina, talvez você espere que aquela pessoa com quem você se importava retorne. "Falsa esperança" é quando você espera que ele volte quando é muito improvável ou mesmo impossível que isso aconteça. Por querer tanto que aconteça, talvez você negue a realidade de que ele já tem outro relacionamento, está casado, ou que — por uma razão qualquer — está indo em outra direção sem você. No entanto, você deve permanecer otimista, pois as coisas irão melhorar em sua vida e Deus tem coisas boas para você ao final da estrada.

Livros ou filmes de romance podem também levar a uma sensação de falsa esperança. Ao mesmo tempo em que gosto de assistir a uma boa comédia romântica de vez em quando, precisamos nos lembrar de curtir o show pelo entretenimento e não pelo fator realidade.

Nos filmes, o casal principal frequentemente parece ser, "supermagneticamente", atraído um pelo outro; eles inevitavelmente *têm de* ficar juntos, porque eles são "almas gêmeas". Cada um deles é o único que satisfará o outro. Com essa pessoa em particular, a vida é uma bênção; se um estiver sem o outro, não existirá vida. O rapaz corre atrás dela insistentemente, e apesar de um número excessivo de obstáculos, ele ao final consegue conquistar a mocinha e vivem felizes para sempre. Ou então, somos levadas a acreditar nisso. Os créditos sobem e você nunca mais conhece o resto da história. *E agora?*

Na vida real, os casais têm batalhas diárias que ocorrem ao mesmo tempo que o namoro ou o casamento. Na vida real, os homens nem sempre lutam por uma mulher; eles podem se esquivar de convidá-las para sair ou evitar um comprometimento real por anos. Da mesma forma, muitas mulheres têm expectativas de que o homem saberá exatamente o que dizer e como fazer para os seus corações dereterem, e quando ele não o faz, elas ficam confusas. A questão é: na vida real, os homens não têm um roteiro a seguir!

Tenha em mente que você está unida a um desejo de amar; é bom querer que lutem por você e desejar alguém com quem possa passar o resto da sua vida. Enquanto o seu coração sofre com a possibilidade de ser a protagonista do seu filme romântico preferido, Deus quer escrever uma história de amor que seja genuína, dedicada e divinamente escrita para você. Isso é algo pelo qual você pode orar e esperar.

A falsa esperança é como ser uma Pollyanna — otimista, contudo cega no que diz respeito à realidade. É uma ilusão ou imaginação vã. A esperança verdadeira, ou seja, a esperança bíblica, é diferente.

A esperança bíblica é a firme confiança na veracidade das promessas de Deus. Ela é sólida e forte porque é baseada nas palavras de Deus impressas na Bíblia. "Pois tudo o que foi escrito no passado, foi escrito para nos ensinar, de forma que, por meio da perseverança e do bom ânimo procedentes das Escrituras, mantenhamos a nossa esperança" (Romanos 15:4).

A esperança nos faz andar e olhar para frente. "Irmãos, não penso que eu mesmo já o tenha alcançado, mas uma coisa faço: esquecendo-me das coisas que ficaram para trás e avançando para as que estão adiante, prossigo para o alvo, a fim de ganhar o prêmio do chamado celestial de Deus em Cristo Jesus" (Filipenses 3:13,14).

Durante o dia ou à noite, podemos pedir a Deus para nos mostrar o que fazer; para ele guiar o nosso caminho para que possamos olhar para frente com confiança, e não com apreensão. "Mostra-me, Senhor, os teus caminhos, ensina-me as tuas veredas; guia-me com a tua verdade e ensina-me, pois tu és Deus, meu Salvador; e a minha esperança está em ti *o tempo todo*" (Salmo 25:4,5, grifo meu).

Quando a Estrada da Esperança parece um zigue-zague e você não consegue ver o caminho adiante, Hebreus 10:23 lhe dá coragem de continuar com confiança e perseverança: "Apeguemo-nos com firmeza à esperança que professamos, pois aquele que prometeu é fiel."

Finalmente, a esperança bíblica nos leva a crer que Deus nos dará boas coisas. Ele protege e provê uma vez que sabe o que é melhor. "O Senhor Deus é sol e escudo; o Senhor concede favor e honra; *não recusa nenhum bem* aos que vivem com integridade" (Salmo 84:11, grifo meu).

Eugene Peterson disse: "Esperar não é sonhar. E não podemos confiar em uma ilusão ou fantasia para nos protegermos do tédio ou da nossa dor. Ela significa uma expectativa confiante e alerta de que Deus irá fazer o que disse que faria. É uma vontade de permitir que Deus faça isso da sua maneira e no seu tempo."[1]

> "Esperar não é sonhar. E não podemos confiar em uma ilusão ou fantasia para nos protegermos do tédio ou da nossa dor. Ela significa uma expectativa confiante e alerta de que Deus irá fazer o que disse que faria. É uma vontade de permitir que Deus faça isso da sua maneira e no seu tempo."
> Eugene Peterson

Ter medo e dúvida. Outro obstáculo para a esperança é a combinação perigosa do medo e da dúvida. É importante saber que, mesmo quando você está esperançosa, isso não significa que nunca mais dará lugar ao medo ou à dúvida novamente. Deus sabe que somos humanas; ele nos criou!

Então ele nos pede que "entreguemos nossas preocupações" e não as tomemos de volta. No Salmo 55:22 lê-se: "Entregue suas preocupações ao Senhor, e ele o susterá; jamais permitirá que o justo venha a cair."

Gentilmente, o Senhor a segura pela mão, sabendo dos seus medos e fracassos, e a guia pela Estrada da Esperança. Vocês caminham juntos. "Pois eu sou o Senhor, o seu Deus, que o segura pela mão direita e lhe diz: Não tema; eu o ajudarei" (Isaías 41:13).

Você está insegura sobre o que está esperando. Um dia, eu estava de pé no meio do mercadinho, cercada por milhares de latas, caixas e alimentos frescos, mas ainda assim não tinha ideia do que queria. Podia comprar qualquer coisa, mas nada me atraía. O que eu queria comer? Enquanto pensava sobre isso, dei-me conta de que não estava com um pingo de fome, estava com sede. Estava confundindo fome com sede.

Algumas vezes, confundimos fome com sede, quando se trata de assuntos do coração. Você pode achar que quer um novo relacionamento neste exato momento, um que sacie a fome do seu coração por amor, enquanto está superando a dor do seu passado, mas na verdade você está com sede. A dor lancinante dentro de você, na verdade, está ansiando para que o amor de Deus a sacie, a refresque e a preencha.

Primeiro sacie a sua sede. Encha o seu interior com a água vívida que satisfaz; então o Senhor saciará a fome de seu coração. "Deleite-se no Senhor, e ele atenderá aos desejos do seu coração" (Salmo 37:4).

Enquanto você percorre a Estrada da Esperança, é importante que saiba o que está esperando — o que quer. Talvez espere que a dor da rejeição acabe, e você se sinta melhor, mais cedo ou mais tarde. Talvez anseie pelo dia em que caminhará de braços dados com alguém especial ou não tenha de se sentar sozinha na igreja. Você espera que o próximo rapaz que se relacione com você, ilumine o seu mundo quando sorrir, e que seja essa combinação fascinante de alguém que pode falar com facilidade sobre assuntos espirituais, mas que também seja engraçado e brincalhão — alguém que realmente entenda você.

Seja um namorado novo, um marido incrível ou alguém que a note, não é errado esperar por um amor duradouro. Pelo que você espera? Você está disposta a colocar Deus em primeiro lugar e permitir que ele lhe dê os desejos de seu coração da forma e no tempo dele?

Eu tinha esperança de que o meu relacionamento com Brian terminasse de outra forma. Eu estava com vinte e poucos anos e o conheci na festa de aniversário de uma das minhas amigas mais próximas. Eu havia planejado ficar na festa por mais ou menos uma hora; acabei ficando 12.

Quando estava pronta para ir embora, minha amiga disse que alguém havia me observado e animadamente me apresentou ao Brian. Ele havia chegado à cidade vindo da Califórnia, e estava visitando a irmã, que morava no mesmo prédio que a minha amiga.

Conversamos e rimos por horas. Mesmo depois que a festa acabou, sentamo-nos no carro dele e ficamos conversando até que os primeiros raios do nascer do sol despontassem por sobre o painel. No dia seguinte, ele me pediu para que jantássemos juntos, então fomos para um restaurante em frente ao mar e conversamos durante boa parte da noite. Era fácil estar com ele, e me sentia confortavelmente bem em sua companhia.

Encontramo-nos novamente para um café da manhã, antes que ele partisse, dois dias depois, e durante os outros meses mantivemos contato. Ele mandou-me cartões postais da localidade oceânica onde morava, e fizemos planos de que fosse visitá-lo. Quando lá cheguei, continuamos a conversa do ponto em que havíamos parado, cinco meses antes. Conheci seus amigos, fomos à praia e então começamos a namorar. Tudo parecia tão certo até que ficou aparente que estava tudo tão errado.

Brian era maravilhoso, exceto pelo fato de que ele não era cristão. Acredito que ele não seguia nenhuma religião e isso estava criando uma rachadura entre nós. Eu sabia que namorar e casar com alguém que dividisse minhas crenças cristãs era uma prioridade, mas naquela época eu estava deixando que meus sentimentos me guiassem, em vez de minhas convicções. Só precisava de coragem para terminar. Em vez disso, Brian o fez. Ele pôde sentir que a minha fé estaria sempre em primeiro lugar. Ao final da visita, ele levou-me a um restaurante à beira-mar, deu-me um adeus e, então, estava tudo acabado.

Eu realmente gostava de Brian. Amava mais, porém, a Deus.

Esperança esquecida. Quando algo está no lugar errado ou desconhecido, frequentemente dizemos que ela está "perdida". Quando depositamos nossa esperança em determinada pessoa ou certo objeto para nos satisfazer, em vez de Deus, então nossa esperança está perdida. Nossa vida de sonhos pode ser sequestrada na estrada da esperança, quando sucumbimos ao "se ao menos...": *Se ao menos tivesse um namorado, então seria feliz. Quando me casar, então nunca mais me sentirei só novamente. Quando tivermos um bebê, as coisas irão melhorar. Se ao menos eu pudesse conseguir aquele emprego, então realmente daria um salto para frente.*

Meu amigo Paulo, que é médico, esteve solteiro por anos, antes de se casar, aos 30 anos de idade. "Quando eu estava solteiro e queria me casar, lutava contra o pensamento de que Deus não me amava, pois se assim fosse, eu estaria casado", disse-me ele. Como cristão fervoroso, Paulo sabia que o maligno tenta distorcer a nossa perspectiva e afastar-nos da confiança em Deus. "Satanás quer nos ludibriar, fazendo-nos pensar que Deus não nos ama ou não deseja o melhor para nós", ele disse.

No entanto, a perspectiva dele mudou, e a sua esperança foi redirecionada quando leu Romanos 5:8: "Mas Deus demonstra seu amor por nós: Cristo morreu em nosso favor quando ainda éramos pecadores." Paulo sabia que Deus o amava, mas ler aquela passagem novamente ajudou-o a lembrar-se de que Deus *o* amava. E Deus ama a cada uma de nós, não importa se fazemos ou não a sua vontade.

Paulo estava encorajado. Ele disse: "Deus não demonstra o amor dele com relação a nós pelo fato de que nos casaremos. Ele demonstra o seu amor em tudo o que fez por nós no passado e tudo o que continua a fazer por nós a cada dia." Paulo reconheceu que, enquanto *desejava* se casar, precisou mudar o seu *foco*. Em vez de fixar-se apenas na sua vontade de ter uma esposa, começou a pensar e a fazer mais "coisas do reino", coisas eternas, especialmente louvar. Ele começou listando alguns dos atributos de Deus, orando: "Eu louvo a ti, ó Deus, pois és amável, misericordioso, justo, compassivo..." e colocou o seu foco primeiramente em Deus.

Quer seja você solteira quer seja casada, tempos difíceis virão, e equipar-se com um coração repleto de esperança é essencial, não importa qual seja o seu estado civil. Tanto Paulo quanto sua esposa, Tammy, caminharam pela árdua estrada da infertilidade por mais de cinco anos. Eles ansiavam por um bebê, mas depois de testes, cirurgias e relatórios médicos, compreenderam que as chances de gravidez eram próximas a zero.

Enquanto perseverava em orações, Tammy aprendeu a encontrar esperança e alegria no presente — não no futuro, nem no passado. "Eu orava diariamente: 'Senhor, só quero que me concedas sentir alegria hoje na mesma intensidade da que sentirei quando a minha *promessa* chegar'", disse Tammy. Ela descobriu que Deus lhe deu alegria para o relacionamento com ele e para muitas coisas durante aquela época.

Mesmo sendo o período de ansiedade e ausência, Tammy também pediu a Deus que "fizesse o que ele faria em qualquer outro momento". Em outras palavras, ela queria *tudo* o que Deus tinha para lhe oferecer e para ensiná-la durante aquele período de sua vida. Ela tinha esperança de que o desamparo do inverno não durasse para sempre, e que a seu tempo a primavera finalmente chegasse. Hoje, esse casal é abençoado com uma menininha linda e saudável, Elliana Joy, e eles apreciam essa criança ainda mais por conta da luta travada e da fidelidade de Deus para com eles.

> Quer seja você solteira quer seja casada, tempos difíceis virão, e equipar-se com um coração repleto de esperança é essencial, não importa qual seja o seu estado civil.

Quando nada parece estar acontecendo, quando você está cansada de tentar sozinha fazer com que as coisas funcionem, quando não pode ver adiante e acha que as coisas estão demorando uma eternidade, agarre-se à esperança. A cadência de Cristo normalmente é diferente do nosso ritmo, mas Deus ainda está trabalhando em sua vida. "A esperança tem seu próprio ritmo", disse Larry Crabb, em *Shattered Dreams* [Sonhos despedaçados]. "Nós não podemos apressá-la. A água da vida irá encontrar o seu caminho montanha abaixo para encher o lago do qual possamos beber."[2]

Saber que Deus está conosco em cada passo do caminho, nos habilita a continuar e não sucumbir ao desespero. Caminhamos esperançosas com Jesus: "Tenho andado sempre nos teus caminhos e nunca me desviei deles" (Salmo 17:5, NTLH).

Superando obstáculos à esperança

Se a esperança está adormecida em sua vida, como você pode superar os obstáculos? Como despertar a esperança?

A esperança desperta porque Deus se levanta. Apesar das dificuldades, você tem a força de despertar e caminhar porque Deus se levanta primeiro. Ele a ergue; ele ajuda você a pairar acima da adversidade. O Salmo 68:1 diz: "Que Deus se levante! Sejam espalhados os seus inimigos, fujam dele os seus adversários."

No começo, você pode pensar: *eu não tenho nenhum inimigo.* E então você se dá conta de que possui oponentes sim, na Estrada da Esperança e da cura. Junto ao maligno, nosso maior adversário, dificuldades como preocupações, medo, dúvida, rejeição, obsessão e ansiedade são "inimigos" também. Eles virão até você com a força de um exército oponente, e muito deste livro é dedicado a ajudar você a superar obstáculos que a impedem de viver na paz e nas promessas de Deus.

A esperança se levanta acima da angústia, do pavor e da paixão não requeridos — acima dos sentimentos. Nós podemos marchar com confiança rumo ao futuro porque "vivemos por fé, e não pelo que vemos" (2 Coríntios 5:7).

A autora Judith Couchman diz: "Sem esperança as pessoas morrem. Com a esperança de Deus, elas acreditam além de si mesmas. A esperança não é algo que consigamos por meio do esforço. Em vez disso, é o escoamento do amor de Deus no coração humano."[3]

A esperança desperta do amor incondicional. O amor total e absoluto de Deus e o apoio amoroso da família e dos amigos transforma-nos de dentro para fora. Nesse caminho em busca de um coração restaurado, saiba que você é amada, cuidada e nunca está sozinha. "O seu amor dura para sempre" (Salmo 136:2). *A esperança desperta porque Deus é a nossa âncora.* Quando um barco está ancorado, ele não fica à deriva. Quando sua vida está ancorada em Cristo e os ventos da adversidade sopram, a sua vida não ficará à deriva, sem rumo, nas águas da desesperança, do desalento ou dos falsos ensinamentos. Constante e inabalável, o Deus que a apoia é sua âncora de esperança. "Temos esta esperança como âncora da alma, firme e segura" (Hebreus 6:19).

Perguntei para meu pai, recentemente, o que lhe deu esperança, e ele repetiu-me as palavras de Jesus: "Eu estou sempre com você" (citado em Mateus 28:20). A presença de Deus e sua crença no Pai, no Filho e no Espírito Santo ao longo da vida — foram a firme âncora do meu pai. Ele continuou: "Tem a ver com treinamento espiritual..." e eu fui lembrada de como minha instrução básica do Cristianismo, quando criança, primeiro formou minha fé e me manteve estável, durante momentos turbulentos, ancorada a Jesus.

A esperança é suscitada da Palavra de Deus. "Pois tudo o que foi escrito no passado, foi escrito para nos ensinar, de forma que, por meio da perseverança e do bom ânimo procedentes das Escrituras, mantenhamos a nossa esperança" (Romanos 15:4). As Escrituras, a Bíblia Sagrada, a Palavra de Deus são nomes dados para o texto central da nossa fé. Que bênção é ter essas palavras de esperança em nossa própria língua. São palavras ditas por Jesus, palavras que curaram o cego, o coxo e o doente, palavras que irão curar o seu coração dolorido. "Por que você está assim tão triste, ó minha alma? Por que está assim tão perturbada dentro de mim? Ponha a sua esperança em Deus! Pois ainda o louvarei; ele é o meu Salvador" (Salmo 42:5).

A esperança desperta para a soberania de Deus. Talvez uma das maiores lições que aprendi ao superar términos é que a minha vida amorosa não depende inteiramente de mim. Deus orienta e reorienta. Ele é soberano e está no controle. "Em seu coração o homem planeja o seu caminho, mas o Senhor determina os seus passos" (Provérbios 16:9).

Estava se tornando aparente para mim que Deus estava redirecionando a minha vida enquanto um relacionamento longo estava esvanecendo-se. Estava levando esse homem para o aeroporto, de onde viajaria. Apesar de pensar que estávamos muito bem juntos, era óbvio que seu coração estava indo em outra direção.

Ainda no carro, palavras que não estavam em meu coração segundos antes, inesperadamente saíram da minha boca. "Eu não acho que nosso término seja por culpa sua ou minha." Ele olhou para mim, perplexo.

Eu continuei: "Acho que Deus está redirecionando nossa vida, e ele tem um caminho diferente para cada um de nós. Ele só não nos incluiu juntos."

Sabia que era o Senhor me guiando para dizer aquelas palavras, pois certamente não havia sido ideia minha. Enquanto parecia esquisito falar aquilo, de alguma forma eu sabia, dentro de mim, que era verdade. E apesar de me importar profundamente com esse homem, eu sabia naquele momento que nós não serviríamos a Deus unidos em um casamento; serviríamos a ele separadamente.

> O Deus de toda esperança é consistentemente fiel e sempre está trabalhando nos bastidores.

Por mais difícil que tenha sido me separar dele, dei-me conta de que nosso término não tinha tanto a ver com a rejeição, mas era Deus redirecionando nossa vida.

Podemos fazer nossos planos, mas o Senhor impulsiona ou previne; ele avança ou nega. Quando o amor (ou a amizade) acaba, isso só ocorre porque aquele que a ama soberanamente mais está levando-a para um novo começo.

Esperança nova entregue diariamente

A cada manhã, o sol se levanta; a cada dia o Senhor entrega uma nova esperança. Apesar do desânimo e das dificuldades, você pode olhar para tudo o que Deus fez no passado em outras áreas da sua vida — como ele manteve suas promessas e tem sido fiel em manter sua palavra — e você pode olhar para frente e ver as boas coisas que ocorrerão no futuro. Um novo amanhecer e uma brilhante esperança.

"Todavia, lembro-me também do que pode me dar esperança: Graças ao grande amor do Senhor é que não somos consumidos, pois as suas misericórdias são inesgotáveis. Renovam-se cada manhã; grande é a sua fidelidade!" (Lamentações 3:21-23).

Destino: vida abundante

Mantenha-se na Estrada da Esperança e você talvez se surpreenda com o que está adiante. "Porque sou eu que conheço os planos que tenho para vocês", diz o Senhor, "planos de fazê-los prosperar e não de lhes causar dano, planos de dar-lhes esperança e um futuro. Então vocês clamarão a mim, virão orar a mim, e eu os ouvirei. Vocês me procurarão e me acharão quando me procurarem de todo o coração" (Jeremias 29:11-13).

A esperança é a expectativa confiante de que você irá receber o que está esperando, que um desejo será atendido. Se você plantou sementes de dália em seu jardim, deve esperar que um dia as flores coloridas brotem. Enquanto você cobria as sementes com terra adubada, esteve confiante de que, com o tempo, haveria crescimento mesmo que você ainda não pudesse ver os resultados. Romanos 8:24,25 diz: "Pois nessa esperança fomos salvos. Mas, esperança que se vê não é esperança. Quem espera por aquilo que está vendo? Mas se esperamos o que ainda não vemos, aguardamo-lo pacientemente."

Nós ansiamos pelo dia quando toda a esperança será *vista*, e poderemos ecoar as palavras do profeta Isaías: "Senhor, tu és o meu Deus; eu te exaltarei e louvarei o teu nome, pois com grande perfeição tens feito maravilhas, coisas há muito planejadas" (Isaías 25:1).

Até lá, nós esperamos com alegria e expectativa, sabendo que o Deus de toda a esperança é consistentemente fiel e sempre está trabalhando nos bastidores.

Por trás dos panos

Imagine que você está sentada em um grande teatro esperando uma peça começar. Mas você está aguardando há meses. Enquanto se senta sozinha no teatro, você pensa que nada está acontecendo porque tudo o que você pode ver são os assentos vazios e a cortina fechada.

Você não pode ver o alvoroço do outro lado da cortina. Nos bastidores, os atores estão aprendendo as suas falas, operários estão criando cenários e estilistas estão correndo para entregar a roupa certa para cada personagem.

Então, finalmente, chega a hora. A orquestra começa, a luz do teatro escurece, as cortinas se abrem e o show começa.

Só porque você não pôde ver, não significa que nada estava acontecendo. Deus está sempre no trabalho — dia e noite, entardecer e amanhecer. Um dia as cortinas serão abertas em sua vida e assistirá ao que Deus andou fazendo por você nos bastidores.

Existe vida depois da perda, alegria depois da tristeza e paz depois da dor. Acredite, mesmo que você não possa ver: "Feliz é aquela que creu que se cumprirá aquilo que o Senhor lhe disse!" (Lucas 1:45).

A esperança é estimulante. Minha oração é para que você olhe para frente com fé e "conheça a esperança" para a qual ele a chamou. Com a luz do sol nascente, você será capaz de enxergar.

"Oro também para que os olhos do coração de vocês sejam iluminados, a fim de que vocês *conheçam a esperança para a qual ele os chamou*, as riquezas da gloriosa herança dele nos santos e a incomparável grandeza do seu poder para conosco, os que cremos, conforme a atuação da sua poderosa força" (Efésios 1:18,19, grifo meu).

ORAÇÃO

Senhor, necessito de mais esperança em minha vida. Necessito mais de ti, Senhor. Sinto-me como que adormecida, morta para o mundo e morta em meu coração. Tu me ajudarias a vencer o desânimo e a depressão em minha vida? Eu não quero mais continuar assim. Quero correr para os pés de Jesus e encontrar conforto, força e profundidade de sentimentos. Obrigada por mostrar-me que, em seu soberano amor, tu conduzes e redirecionas minha vida. Tu tens coisas novas para mim, coisas boas. Ajuda-me a olhar para a frente com fé. Ilumina meus olhos e meu coração para que enxergue tua fidelidade — tudo o que fizeste por mim no passado, e tudo o que tens feito ao longo dessa esfacelada estrada que trilho em busca de melhores dias. Deposito minha confiança em ti. Em nome de Jesus, amém.

LUZ PARA A JORNADA

Do nascente ao poente despertas canções de alegria (Salmo 65:8).

Mas bendito é o homem cuja confiança está no SENHOR, cuja confiança nele está (Jeremias 17:7).

Que o Deus da esperança os encha de toda alegria e paz, por sua confiança nele, para que vocês transbordem de esperança, pelo poder do Espírito Santo (Romanos 15:13).

Ele nos livrou e continuará nos livrando de tal perigo de morte. Nele temos colocado a nossa esperança de que continuará a livrar-nos (2 Coríntios 1:10).

Iluminação

1. Você já se sentiu como que emocionalmente "sonâmbula" em sua vida (por exemplo, apesar de fisicamente presente parecer emocionalmente ausente, nem interagindo com outros)?
2. Você já passou por momentos decisivos específicos em sua trajetória da recuperação de relacionamentos rompidos? Relacione alguma coisa que você soube que seria boa naquele momento.
3. Quais foram as razões que levaram você a escolher a Rodovia da Esperança (esperança) após viajar pela Estrada da Desesperança (desesperança)?
4. De que forma a "esperança falsa" é diferente da esperança bíblica real?
5. Cite um ou dois versículos da Bíblia que estejam neste capítulo que são significativos para você.

9. Iluminação: Restaurando a confiança e a autoestima

"Esta é quem você é, sua identidade, amada por Deus."
EUGENE PETERSON

TUDO COMEÇOU COM UMA ÚNICA FAÍSCA. O verão de 2002 havia sido um dos mais secos das últimas décadas, e o nosso estado estava suportando um período de estiagem quando o maior incêndio florestal da história do Colorado, o incêndio Hayman, começou na Floresta Nacional Pike. De onde eu moro, a pouco mais de uma hora de distância de carro, era possível enxergar resíduos de fumaça soprando por cima das montanhas. Em certos dias, era possível ver pedaços de cinza branca flutuando do céu diretamente para as ruas, carros e pessoas. Infelizmente, este inferno teve início quando uma oficial do serviço florestal estava queimando as cartas do seu ex-marido. A devastação foi enorme, fez com que milhares de pessoas saíssem de suas casas, destruiu completamente mais de cem delas e queimou uma média de 560 quilômetros quadrados.

Meses depois, alguns amigos e eu voamos sobre a marca deixada pelo incêndio e observamos quilômetros de terra devastada e o que restava de troncos negros carbonizados.

Mas, apesar de as chamas terem sido apagadas, oficiais florestais tinham um problema significativo nas mãos – a erosão.

O calor intenso do fogo havia destruído a camada protetora de terra que cobria o solo (como plantas, capim, mato e até lixo). Com a camada mais externa do solo levada por conta da erosão, as raízes das árvores estavam expostas e desprotegidas, e a vida vegetal estava vulnerável ao dano e empobrecida de nutrientes.

Os esforços para recuperação começaram rápido com a intenção de ajudar a resolver o imenso dano ao meio ambiente e para prevenir uma erosão maior quando os ventos chegassem e a água da chuva viesse montanha abaixo. Oficiais florestais replantaram a área novamente com capim, para que as raízes das plantas pudessem estabilizar o solo. Eles levantaram barreiras de troncos de árvores para prevenir que a água das chuvas sofresse esgotamento e para restaurar áreas essenciais de drenagem.

Da mesma forma que o fogo levou à erosão do solo, o fogo das palavras ásperas, dos comentários negativos ou da rejeição repetida pode começar a desgastar a sua autoestima.

Muitas vezes, as erosões emocionais têm início na infância; mesmo que a imagem de si própria ainda esteja em formação, a criança também pode ser arrasada. Os pais são essenciais para proteger, sustentar e elogiar a criança, proporcionar orientação e ajudá-la durante o crescimento, para que venha a ser um adulto plenamente saudável. Mas quando a criança é humilhada, menosprezada e constantemente criticada — ferida por meio das palavras — ela não se reconhecerá protegida, aprovada ou desejada.

Se a criança é continuadamente ignorada ou abandonada, mesmo por pais que se encontrem fisicamente presentes, mas que sejam emocionalmente ausentes, poderá sentir-se esvaziada em uma idade precoce. Desprovida de nutrientes de amor, cuidado e coerência, que serão justamente os mais necessários, uma menina pequena nunca fará ideia de quão valiosa e preciosa ela realmente é.

Ao longo dos anos, o cenário do seu coração começará a mudar. As constantes gotas de ira ou zombaria recebidas das outras pessoas à sua volta, ainda que de forma despercebida, começará a formar um sulco em seu coração, depois um canal e, assim, o desgaste da autoestima prosseguirá. Ela se tornará uma adulta vazia, isolada e poderá apresentar tendências ao perfeccionismo, ao excesso de cuidados para com os outros ou à depressão. Ela irá se sentir como se nunca estivesse "suficientemente" — suficientemente boa, suficientemente magra, suficientemente bela, suficientemente inteligente, ou seja lá qual for atributo; enfim, ninguém conseguirá amá-la "suficientemente" bem.

Rapazes virão e se afastarão e separação após separação ao longo dos anos reforçará seus sentimentos de não ser amada, não ter valor algum ou outros mais inferiores ainda. Resultado? Uma esperança sem viço e uma autoestima no chão. Semelhante às flores da "onze-horas", que se fecham à noite, uma mulher ferida esconde sua beleza e seu verdadeiro eu.

Erosão emocional

O que causa algumas outras coisas que ocasionam a erosão emocional e parecem levar embora a autoestima e a confiança depois de um término?

A rejeição. A rejeição é uma das maiores destruidoras da autoestima, seja ela proveniente de um relacionamento longo ou de um desanimador "eu acho que não", depois de alguns encontros. Você espera, se maravilha e corre riscos com alguém. Então você termina e parece que perdeu novamente. Isso pode anestesiar sua autoestima, e você se pergunta como poderá reunir confiança e coragem para recomeçar tudo de novo com outro alguém.

Depois de ter o meu coração despedaçado alguns anos atrás, tirei umas férias de namoro por diversos meses. Então conheci alguém que chamarei de Rapaz do café. Assumi que éramos apenas amigos, porque só nos víamos em intervalos de poucas semanas, mas ele parecia firme. Sentávamos juntos na igreja aos domingos, comparecíamos a eventos e tomávamos jarras de café.

Depois de alguns anos "andando juntos", em uma bela tarde eu confrontei o Rapaz do café. "Então, você já pensou em nós como mais do que apenas amigos?", perguntei. Ele olhou para mim calmamente e disse: "Não." Trocamos mais algumas palavras, e foi isso. Ele seguiu em frente.

Hoje posso ver o motivo pelo qual nós não tivemos uma conversa de DR (definir a relação) mais cedo, mas eu sempre estive esperando que ele puxasse o assunto. E ele nunca o fez. Apesar de estarmos apenas saindo juntos, me senti para baixo e frustrada. *Por que os rapazes são assim? Eles agem como se gostassem de você, mas nunca vão adiante.* Mesmo que não tenha sido um grande término, era mais uma rejeição diminuindo a minha autoestima.

A percepção distorcida de si mesma. Uma perspectiva distorcida sobre alguma coisa é algo vago e impreciso, e muitas vezes irreal. Quando eu estava no último ano do Ensino Fundamental, comprei meu primeiro par de óculos. Lembro-me de olhar para as árvores pela janela e notar a clareza com que conseguia distinguir cada folha individualmente. Com a nitidez que os óculos proporcionavam, as gotas verdes borradas transformaram-se em majestosos bordos-brancos e carvalhos.

Algumas vezes, nós também não nos enxergamos claramente. As lentes pelas quais estamos vendo nossa vida foram distorcidas pela crítica constante de um parente, os comentários degradantes das amigas da escola ou pela forma maldosa como alguém a tratou.

Jud Wilhite disse: "Imagens distorcidas não apenas moldam a sua perspectiva, mas também ocultam as suas possibilidades." Em *Eyes Wide Open* [Olhos bem abertos], ele explica: "Se você se enxerga como algo insignificante por tempo suficiente, começará a agir de acordo com essa visão. Se você se vê feia ou indigna, isso irá afetar a forma como você se relaciona com sua família e amigos, o seu Deus e o seu mundo. Em vez de crescer e mudar como deveria, você ficará tentada a sucumbir ou desistir, ou permanecer em um padrão autodestrutivo de comportamento. Em vez de fazer a sua contribuição única para o mundo, você talvez volte atrás e se estabeleça na mediocridade. Mas essa não é, verdadeiramente, você."[1]

Nós precisamos da visão mais acurada de Deus, para ganhar uma visão mais clara de quem realmente somos, para sair do esconderijo, para sermos corajosas e para ver a nós mesmas como ele nos vê. "A verdadeira pessoa que você é emerge quando enxerga diferente, *biblicamente*. Você se vê sob a luz de quem Deus diz que você é em sua Palavra", diz Wilhite.[2]

A perda do eu. Depois de um término, alguns anos atrás, com um homem que realmente amava, Bárbara estava devastada. Ela sentia como se faltasse parte dela, como se houvesse sido tirada dela como um roubo de identidade emocional. Ele tirou dela, mas Bárbara também "deu" – física e emocionalmente, corpo e alma, antes de comprometerem-se em um casamento. Ela frequentemente sentia-se carente ao redor de homens e incompleta se não estivesse com um.

Em vez de sentir-se desequilibrada, talvez você sinta como se a sua autoestima houvesse se perdido de vez. Você se sente desorientada porque se perdeu no relacionamento. Talvez você seja alguém que agrade às pessoas, uma garota que sempre diz "sim" e agora está incerta com relação à sua identidade e ao seu propósito. *Quem sou eu longe de você? Quem sou eu agora?* Talvez você tenha passado muito tempo na vida do seu namorado negligenciando a sua própria vida.

Talvez ele a tenha deixado, mas *você* também se deixou e se abandonou.

Como um zumbi, você pode dizer quando a luz se vai na vida de alguém. Você pode ver o olhar vago nos olhos da pessoa, seu interior está vazio, e ninguém parece estar em casa. Os rapazes não sorriem com frequência. As moças parecem desconectadas ou indiferentes, amargas ou cínicas. Ou simplesmente tristes.

A "perda de si mesma" significa que você está fora de contato com o que precisa e quer. É o abandono final, quando você não se sente valiosa para viver sua própria vida. O seu coração é como uma casa abandonada, escura e vazia, fechada com tábuas de madeira e com cercas quebradas.

Presa ao passado. Quando memórias dolorosas do passado persistem por muito tempo em seu coração, elas podem causar uma reviravolta na sua autoestima atual. Um exemplo da literatura clássica é a excêntrica Miss Havishan em *Great Expectations* [Grandes expectativas]. Abandonada no dia de seu casamento, Miss Havishan ficou tão devastada que deixou todos os relógios da sua casa parados às 20h40 (porque este foi o momento em que ela recebeu a novidade terrível de seu noivo), e ela nunca mais os alterou novamente. Essa mulher segurou-se à sua dor por anos, deixando tudo como estava naquele terrível dia: os restos decadentes do banquete de casamento estragaram sobre a mesa, e ela continuou usando o vestido de noiva em trapos. Todo dia Miss Havishan revivia lembranças dolorosas do passado, enquanto se agarrava firmemente ao que "poderia ter sido". Sentindo que sua vida estava arruinada, ela deixou sua casa e a si mesma em ruínas.

Reconstruindo a autoestima

Como você impede o avanço do "desgaste" da erosão emocional? Como você reconstrói a autoestima e restaura a confiança?

Plante sementes da verdade. Depois de um incêndio florestal devastador, a erosão é contida simplesmente plantando-se sementes de capim ou cobrindo o solo e construindo muros de contenção. Depois de um término, a erosão emocional é contida plantando-se sementes da verdade e construindo muros de apoio ao redor do seu coração, para reter a verdade e prevenir futuras erosões.

As sementes da verdade obtêm-se lendo e ouvindo a Palavra de Deus, plantando-as em seu coração e aplicando-as à sua vida. Com o tempo, acontece o crescimento, sebes do coração segurando a sua vida no lugar — enraizada e estabilizada. Um versículo-chave em Efésios explica:

"Oro para que, com as suas gloriosas riquezas, ele os fortaleça no íntimo do seu ser com poder, por meio do seu Espírito, para que Cristo habite no coração de vocês mediante a fé; e oro para que, *estando arraigados e alicerçados em amor*, vocês possam, juntamente com todos os santos, compreender a largura, o comprimento, a altura e a profundidade, e conhecer o amor de Cristo que excede todo conhecimento, para que vocês sejam cheios de toda a plenitude de Deus" (Efésios 3:16-19, grifo meu). Enraizada no amor de Deus e no que ele diz a seu respeito, você permanecerá firme quando sentir como sua autoestima foi varrida pelos ventos fortes da brutalidade de alguém ou como o seu cabelo ficou naquele dia. Quando as suas raízes penetram mais profundamente na fonte da vida, a água da Palavra de Deus, você permanece fresca e brilhante. O Salmo 1 fala sobre um homem que lê, medita e se delicia na Palavra de Deus. "É como árvore plantada à beira de águas correntes: Dá fruto no tempo certo e suas folhas não murcham. Tudo o que ele faz prospera!" (Salmo 1:3).

Quer você tenha sido criada em uma família em que você foi enraizada e estabelecida em um ambiente de amor, quer não, Deus pode curar a dor do seu passado. "Estabelecida no amor" significa que a sua autoestima está baseada em Deus e que você começa a experimentar o incrível amor de Deus por você. Uma vida não é longa o suficiente para compreender o tamanho e a profundidade do amor de Deus; esse amor é mais comprido que o rio Nilo (6.734 quilômetros de comprimento) e mais profundo que a maior profundeza do oceano (11.000 metros abaixo do nível do mar).

Plante as sementes da verdade e, enquanto elas crescem, você será mais capaz de manter firme sua verdadeira identidade — o que Deus diz sobre quem você é.

Conheça a sua verdadeira identidade. Qual a sua identidade? É o que a sua carteira de identidade, ou RG, diz? É o que você afirma ser, o que outros dizem a seu respeito ou o que o mundo fala? O modo como você se enxerga afeta seus sentimentos e suas ações. Isso afeta o seu nível de confiança.

Vamos esclarecer o significado de autoimagem, autoestima e identidade.

Autoimagem é como você se vê. É a *sua* percepção de você mesma. A sua autoimagem inclui como você enxerga coisas como a sua aparência (altura, peso, idade), sexo, personalidade, educação, habilidades, sucesso profissional e mais. Muitas vezes, as influências recentes na sua autoimagem vêm de um conjunto de informações que lhe são passadas por parentes, familiares, amigos e também por professores, técnicos e aqueles do ministério. Outras pessoas podem dizer coisas sobre você que contribuem para o fato de como você se vê, mas você pode não acreditar nelas ou elas podem estar erradas.

O conjunto de dados que formam a sua identidade não vem apenas do que você afirma ser e daquilo que outros falam sobre quem você é, mas vem também do acusador (Apocalipse 12:10). Dia e noite, o inimigo de nossas almas tenta bagunçar sua autoimagem com mentiras e decepções. É por isso que é tão crucial plantar as sementes da verdade de Deus e regá-las com a Palavra. Enquanto você viver imersa na verdade, suas raízes ficarão mais profundas e fornecerão a estabilidade e segurança necessárias para enfrentar a oposição.

> Existem aqueles no mundo que possuem um padrão confuso de valor e dignidade. Eles se enrolam para ocultar o seu vazio enquanto nós nos purificamos para ganhar transparência. Elas se escondem enquanto nós brilhamos.
> – Lisa Bevere

A cultura popular também tenta moldar a sua autoimagem — a cada minuto do dia — com propagandas sedutoras que ordenam, por meio de várias palavras: "Você tem de ser assim: magra, inteligente e bonita, com um sorriso perfeito e uma pele impecável, então você será amada. Você terá significado. Você será alguém."

Em *The True Measure of a Woman* [A verdadeira dimensão de uma mulher], Lisa Bevere afirma que:

> Existem aqueles no mundo que possuem um padrão confuso de valor e dignidade. Eles se enrolam para ocultar o seu vazio enquanto nós nos purificamos para ganhar transparência. Elas se escondem enquanto nós brilhamos.[3]

Frequentemente queremos esconder as partes quebradas e imperfeitas de nós mesmas. Ainda assim, nos damos conta de que Deus nos ama em meio a nossa confusão, que o seu surpreendente amor nos ajuda a aceitar tanto as nossas forças quanto as nossas fraquezas, tanto na escuridão quanto na luz, e a nossa autoimagem se torna menos fragmentada e mais plena. É o poder de Deus na nossa fraqueza (2 Coríntios 12:9).

Autoestima é o valor que você deposita naquilo que você enxerga em si mesma. É o quão feliz você está com sua autoimagem. Claro, a autoestima flutua, porém, se está elevada demais, pode levar a um coração cheio de orgulho. Talvez você tenha visto uma mulher que acha que ela é "tudo isso". A satisfação pessoal dela e o orgulho contrastam com a da pessoa que tem baixa autoestima, aquela que pensa que não é "nada disso". Ela foca mais nos seus próprios erros em vez de fixar sua atenção no que faz de certo. Ela muitas vezes está insegura ou temerosa, e a sua insegurança a impede de falar, de arriscar-se ou de andar adiante.

Se você é alta demais ou se é baixa demais, pergunte-se sobre sua avaliação pessoal ou sobre a situação, e veja se é precisa. Peça para Deus lhe dar discernimento. Romanos 12:3 afirma: "Por isso, pela graça que me foi dada digo a todos vocês: Ninguém tenha de si mesmo um conceito mais elevado do que deve ter; mas, ao contrário, tenha um conceito equilibrado, de acordo com a medida."

Esforce-se por uma visão balanceada de si mesma. Uma mulher com a autoestima saudável respeita a si própria. Ela se sente segura e valiosa em função daquilo que Deus afirma sobre ela. Tem confiança nos relacionamentos e sua vida é geralmente mais alegre. Ela sabe possuir significado, possuir importância. Com seu senso de dignidade e valor intactos, ela se senta em posição ereta e caminha com passos firmes. Com a cabeça erguida, essa mulher confiante é amigável, gentil e afável. Olha nos olhos com quem fala e não fica se desculpando constantemente por tudo que diz ou pelo que faz.

Depois de um término, você talvez se sinta como se a autoestima tenha diminuído, porque a rejeição pode fazer com que não se sinta querida, amada ou digna. É difícil aprender a confiar novamente, e você questiona sobre o seu próprio julgamento. Muitas vezes, as mulheres se perguntam "o que há de errado comigo?" quando na realidade os homens não observaram o seu real valor. E nem você mesma.

Quando um relacionamento termina, algumas de nós acham extremamente difícil esquecer o rapaz, se desvincular do amor. Você sabe que a relação acabou, mas abrir mão é torturante. Talvez o medo da mudança ou o medo de ficar sozinha torne dura a separação. Talvez seja mais profundo e você ache que nunca mais encontrará o amor de novo, ou que você não seja nem mesmo digna de um "bom" relacionamento.

Então é hora de parar e pensar sobre o que você tem afirmado a si mesma. "Outras pessoas, circunstâncias, eventos e coisas materiais *não* são capazes de fazê-la feliz", diz William Backus e Marie Chapian em *Telling Yourself the Truth* [Contando a verdade a si mesmo]: "O que você *acredita* sobre estas coisas é o que lhe fará feliz ou infeliz."[4] Por exemplo, os autores dizem que se você acha uma situação horrível comparecer a um jantar e ninguém lhe dirigir a palavra, então será exatamente assim que você se sentirá. Você ficará tensa, nervosa e desconfortável.

De fato, algo similar aconteceu comigo anos atrás. Alex e eu tínhamos um relacionamento nocivo desde o começo, e quase dois anos mais tarde eu ainda estava tolerando seu comportamento imaturo. Ele havia acabado de mudar-se vindo de outro estado e, em uma tarde, fomos a um jantar com seus amigos. Sentamos do lado de fora, sob um céu claro, em um pátio de piso rústico, com luzes brancas. Durante o passar da noite, ele me ignorou completamente. Não disse uma palavra. Próximo ao final da refeição, fui ao banheiro feminino e me olhei no espelho. Meu cabelo estava magnífico naquela noite, minha maquiagem perfeita e eu vestia uma roupa belíssima. *O que há de errado comigo? Por que ele não presta atenção em mim?*

Eu estava dizendo para mim mesma (sem realmente perceber isso) que a atenção daquele homem por mim era baseada em minha aparência, e que o que *ele* achava importava muito. Eu dava mais peso ao que Alex pensava do que ao que Deus dizia sobre mim — que eu era amada e que era digna de ser tratada com apreço e respeito, com atenção verdadeira e cuidado consistente.

O que aprendi mais tarde foi que Alex era um "homem ioiô". Ele estava constantemente para cima e para baixo e não me tratava consistentemente bem. Eu também aprendi que meu valor próprio não era baseado no que ele ou qualquer homem achasse de mim; eu tinha valor, quer o Sr. Egocêntrico afirmasse ou não.

É importante lembrar que o seu valor não é baseado no que um homem pensa de você. Este *post* anônimo, enviado para mim recentemente, mostra isso bem:

> As mulheres são como maçãs em árvores. As melhores ficam na parte mais alta da árvore. Mas a maior parte dos homens não quer alcançar as boas, porque têm medo de cair e de se machucar. Em vez disso, eles algumas vezes pegam as maçãs do chão; elas não são tão boas, mas são fáceis. *As maçãs no topo acham que há algo de errado com elas, quando, na realidade, são maravilhosas.* Elas só têm de esperar pelo homem certo passar, um que seja bravo o suficiente para subir todo tronco até chegar ao topo da árvore (grifo meu).

Enquanto você permite que Deus mude a sua autoestima, de como você se vê, para enxergar sua importância e valor pelos olhos de Deus, um realinhamento acontece. Deus lhe fortalece para ver as coisas de forma diferente, e você começa a agir diferente. A sua percepção muda — e a sua vida também.

A identidade faz a pergunta: "Quem sou eu?", A sua identidade pessoal, que está estreitamente relacionada à sua autoimagem, é o que faz você ser única. É quem você é, mas pode se transformar em quem você aspira ser.

Depois de um término, uma pergunta comum que é feita quando deixamos de fazer parte de um casal para tornarmo-nos solteiras é: "Quem sou eu agora?" Você quer saber se você é amável e digna. Como você encontra o caminho à frente sozinha?

Isabella se perdeu no seu último relacionamento. Todos sabiam que ela era a "namorada do Jake". De fato, ela havia sido parte de um casal por tanto tempo que não sabia mais quem era.

Marisa frequentemente mudava sua personalidade para ser exatamente o que o rapaz com quem ela estivesse namorando no momento queria que ela fosse, porque ela achava que isso faria com que ele gostasse mais dela. Ela simplesmente se rearranjava para caber no gosto de um homem, como o brinquedo Sr. Cabeça de Batata, com partes intercambiáveis. Depois que seu último relacionamento acabou, Marisa estava perdida demais para definir as suas próprias preferências e personalidade.

Antes de se casar, uma amiga lutava com a sua própria identidade, enquanto contemplava a decisão de mudar o seu sobrenome, adicionando o nome do seu marido. Ela o amava muito e queria honrá-lo adotando o seu nome, mas onde ela cresceu, seu nome de solteira carregava um peso enorme na comunidade — e o nome de sua família era parte da sua herança e da sua identidade de sucesso.

Na verdade, quem você namora? O que você faz para viver? Você é o que o seu sobrenome diz que você é? O que você fará se essas coisas mudarem? Então, quem é você?

Eu vivi a maior parte da minha vida adulta em Milwaukee e por 12 anos trabalhei no mercado corporativo de uma grande companhia. Então minha vida mudou completamente. Senti a orientação de Deus para que eu me mudasse para o Colorado e me tornasse uma escritora autônoma. Isso me levou a questionar um monte de coisas sobre a minha identidade: "Fora desse meu trabalho, desse lugar, desses amigos, quem serei eu?"

Certa feita, eu estava passando por tempos financeiramente terríveis e trabalhava por alguns meses como entregadora de pizzas. Eu tocava a campainha em bairros de classes mais altas, e o cliente muitas vezes olhava através de mim em vez de para mim. Como seria possível saber quem eu realmente era embaixo do meu uniforme e chapéu? Mas eu sabia. Era como se usasse um crachá invisível onde estava escrito "Embaixadora de Cristo" e "Aspirante à autora", só que eles não podiam ver.

Enquanto eu aprendia mais sobre o que Deus tinha a dizer sobre mim, descobri que minha verdadeira identidade não estava em minhas roupas ou no meu salário. Não estava em quanto dinheiro eu dava para a igreja ou o quão arduamente eu trabalhava para ganhar favores de Deus ou qual homem eu queria namorar. "Não é o que fazemos que determina quem somos. É quem somos que determina o que fazemos", diz Neil T. Anderson em *The Bondage Breaker* [Quebrando correntes].[5] "Eu não faço as coisas que faço com a esperança de que Deus poderá um dia me amar." Ele continua: "Deus me ama, e é por isso que eu faço o que faço."[6]

Términos podem afetar a sua autoestima e a sua identidade. Quando você olha para si mesma, talvez tenha uma imagem clara ou uma imagem distorcida — de qualquer forma é o seu ponto de vista. Com o padrão que o mundo usa, você talvez se sinta como se nunca fosse chegar à altura desse padrão. No entanto, quando Deus olha para a sua vida, vê algo completamente diferente — e o ponto de vista dele é a autenticidade, realidade e verdade.

A SUA IDENTIDADE AOS OLHOS DE DEUS

Frequentemente a mulher olha para um homem para afirmar sua dignidade e seu valor. Se ele a acha ótima, ela se sente ótima. Caso contrário, sua dignidade murcha. Somos seriamente enganadas quando pensamos que qualquer homem tem a resposta final para nossa importância. "Nenhum homem pode lhe dizer quem você é enquanto mulher. Nenhum homem tem o veredicto da sua alma", diz John e Stasi Eldredge em *Em busca da alma feminina*. "Apenas Deus pode lhe dizer quem você é. Apenas Deus pode dar a reposta que você precisa ouvir."[7]

Para ter certeza, os autores afirmam que é normal em um relacionamento amoroso falar bem um do outro. É importante afirmar um ao outro com palavras. No entanto, eles concluem, a nossa "validação *central* ou *primária* tem de vir de Deus."[8]

Você talvez ocupe alguns papéis em sua vida: irmã, amiga, filha, mãe solteira, colega de trabalho, líder de estudos da Bíblia, técnica de basquete ou um sem-número de outros papéis. Se você também já foi esmagada no amor por vezes demais, talvez se sinta como ocupando o papel de vítima, perdedora ou rejeitada. Mas o que Deus tem a dizer sobre quem você é? Aos olhos de Deus você é:

Amiga dele. "Ninguém tem maior amor do que aquele que dá a sua vida pelos seus amigos. Vocês serão meus amigos, se fizerem o que eu lhes ordeno. Já não os chamo servos, porque o servo não sabe o que o seu senhor faz. Em vez disso, eu os tenho chamado amigos, porque tudo o que ouvi de meu Pai eu lhes tornei conhecido" (João 15:13-15).

Uma filha de Deus — um filho ou filha adotada. "Vejam como é grande o amor que o Pai nos concedeu: sermos chamados filhos de Deus, o que de fato somos! Por isso o mundo não nos conhece, porque não o conheceu" (1 João 3:1).

Como filha de Deus você pode fazer uso de suas maneiras *de menina* com humildade e encantamento, mas não seja *infantil* — imatura, irresponsável ou autoindulgente. Em 1 Coríntios 13:11 lemos: "Quando eu era menino, falava como menino, pensava como menino e raciocinava como menino. Quando me tornei homem, deixei para trás as coisas de menino."

Uma princesa. Porque o seu Deus Pai é o Rei dos reis (Apocalipse 17:14), e você é a princesa ou o príncipe. Você tem direitos e responsabilidades como um membro da família real, como amar, doar e servir. Você é uma herdeira (Gálatas 4:7), "uma herança que jamais poderá perecer, macular-se ou perder o seu valor" (1 Pedro 1:4).

Noiva de Cristo. A igreja é a noiva de Cristo, esperando pelo retorno do noivo (Efésio 5:25-27). Até que ele volte, nós temos de nos aprontar para encontrar com o Noivo (Apocalipse 19:6-8), não com um vestido assinado pela Vera Wang, mas vestidas com pureza, dignidade e força.

A Bíblia tem muitas outras coisas a dizer sobre a sua identidade real e como Deus vê você. Você é preciosa, honrada e altamente valorosa (Isaías 43:14). Você é a menina dos olhos dele (Zacarias 2:8), alguém por quem ele tem carinho. Você é escolhida (Isaías 41:9), é aceita por Deus (Romanos 1:7), pertence a ele (1 Pedro 2:9) e você é amada com um amor eterno, que nunca acabará (Jeremias 31:3).

A luz de Cristo traz iluminação. Uma vez que você descobre a sua real identidade, quem você é aos olhos de Deus e escolhe viver nessa verdade, você começará a ver a si mesma com uma luz totalmente nova. Você desperta novamente para quem você realmente é — escolhida, aceita e carinhosamente amada — e encontra a coragem de ser você mesma. "Quanto mais próximo nos chegamos a Deus, mais claramente enxergamos a nós mesmas como realmente somos", diz Nancy Leygh DeMoss em *Brokenness* [Devastados].[9]

Quando a sua identidade está enraizada e baseada no que Deus diz sobre você, a sua autoestima fica mais sólida. Você é mais capaz de lidar com o sucesso ou com o fracasso, lidar com a mudança, tomar decisões e andar adiante para dar e receber o verdadeiro amor duradouro.

Retendo a sua identidade. Em relacionamentos, aprender a unir-se e a separar-se são habilidades essenciais. Quando você conhece outra pessoa, partilha mais sobre você mesma e desenvolve profundos níveis de proximidade. Você se liga.

O Dr. Henry Cloud classifica essa ligação como uma de nossas necessidades mais básicas e fundamentais. Ele afirma que nós somos relacionais até o nosso âmago, e Deus nos criou com fome por laços e relacionamentos. "Criar laços é a habilidade de saber estabelecer uma ligação emocional com outra pessoa", diz Cloud. "É a habilidade de se relacionar com outra pessoa em níveis mais profundos."[10] Quando nos sentimos ligadas a outras pessoas, seja de uma forma romântica, seja através de outro tipo de relacionamento, nós ficamos mais felizes e mais saudáveis.

O outro lado da moeda é aprender a como separar e manter o nosso senso de individualidade intacto no processo, quer estejamos em um relacionamento, quer não. "A separação é um aspecto importante da identidade humana", diz Cloud. "Nós temos de nos ligar a outros sem perder a nossa identidade e individualidade [...] para dominar a arte de 'ser eu mesma sem perder você'."[11]

Quando você retém sua individualidade e o homem mantém a identidade dele intacta, vocês formarão um casal melhor. Em essência, quando o senso individual de cada pessoa é sólido, existe um "nós" melhor. Por exemplo, pense em dois círculos lado a lado — um é amarelo (representando você) e o outro é azul (representando o homem). Quando um casal se conhece, os círculos tocam os seus limites, a parte sobreposta que os representa como um casal se torna verde (porque amarelo com azul resulta em verde). Se eles se casam e se tornam um, os dois círculos se mesclam e se sobrepõem para formar um único círculo verde. O ponto é: cada pessoa deve manter sua individualidade para que um casal saudável possa existir; ele deve manter sua individualidade azul e você deve manter a sua amarela, de outra forma o verde não acontecerá.

Mudando a sua identidade. Na Bíblia, existiu um homem chamado Saulo que perseguiu os seguidores de Jesus. A história é lembrada em Atos 9. Ele experimentou uma incrível transformação de vida quando um dia caminhava na estrada para Damasco. Uma luz brilhou ao seu redor, Jesus encontrou-o, e ele nunca mais foi o mesmo. Sua identidade mudou dramaticamente, de alguém que procurava destruir os seguidores de Jesus para um dos homens mais influentes e missionários da história. Também foi autor de um grande número de livros do Novo Testamento. A identidade dele se transformou, seu nome mudou para Paulo.

O Senhor quer transformar a sua identidade também. Não para tirar suas características, mas para revelar quem você realmente é. Não mais uma escrava, você é uma amiga.

Não mais uma órfã, você é a filha de Deus. Em vez de uma indigente, uma princesa; em vez de sozinha e mal amada, uma noiva.

Não deixe que a sua dor ou o seu passado a definam. Eles são parte de quem você é, mas não são, na totalidade, o que faz de você o indivíduo único que é. Quem você já foi ou quem você é agora, pode ser transformado, uma vez que a sua identidade vem da segurança em restaurar a confiança.

> O Senhor quer transformar a sua identidade também. Não para tirar suas características, mas para revelar quem você realmente é.

Quando a sua identidade está enraizada no solo da verdade de Deus, sua confiança cresce. Então, quando você se encontra com o rapaz que a deixou, ou com a garota com quem ele está namorando agora, isso não abala a sua autoestima. Claro, pode lhe balançar um pouco, a princípio, porém você se dobra e não quebra. Enquanto aprende a aceitar suas próprias forças e fraquezas, você constrói a confiança de que é digna de ser bem amada.

A confiança é muito atraente. Na verdade, eu já ouvi um enorme número de homens afirmarem que não é sempre que são primeiramente atraídos pela aparência de uma mulher. Tão surpreendente quanto possa parecer, eles dizem que é a sua *confiança* e como ela o faça se sentir.

Um dia, andando pela estrada, você pode começar a namorar de novo, e quando o fizer, terá confiança para seguir em frente e fazer melhores escolhas da próxima vez (mais sobre isso no Capítulo 11). Você estará confiante e andando com fé — confiante em Deus e nas habilidades dele, e não na sua falta de habilidades. Confiante porque Deus é fiel. "Aquele que os chama é fiel, e fará isso" (1 Tessalonicenses 5:24).

Oração

Senhor, preciso de uma nova confiança e autoestima, depois desse momento de rejeição. Ajude-me a focar em ti e não em minhas circunstâncias. Plante sementes da verdade em minha vida e ajude-as a crescer, para que eu possa conhecer a minha real identidade baseada no que tu dizes e no que tu vês. Quando as palavras ou ações dos outros me magoarem, por favor, apoie a minha autoestima desgastada. Dê-me clareza e real perspectiva. Ajude-me a encontrar uma confiança renovada. Em nome de Jesus. Amém.

Luz para a jornada

Aqui estão algumas sugestões para melhorar a sua autoestima e construir confiança:

- Desafie a negatividade e o pensamento "o que está errado comigo?"
- Ouça seu solilóquio e reflita. Muitas vezes somos mais duras com nós mesmas do que os outros o são conosco.
- Aprecie as suas forças positivas e trabalhe em áreas que talvez necessitem de melhoras.
- Fique longe de pessoas críticas e negativas o tanto quanto puder.
- Não se coloque para baixo, coloque-se para cima com a Palavra de Deus.
- Aceite elogios com bondade. Apenas diga "obrigada".
- Encare os seus medos com fé.
- Não tenha receio de dizer não.

- Quando a sua autoestima começar a ruir, pergunte-se: O que houve? Isso é verdade? Que provas estão me levando a essa conclusão? Então considere se você precisa mudar algo em sua vida ou deixar o que aconteceu de lado.
- Saiba que o que uma pessoa pensa a seu respeito é apenas a opinião de uma pessoa.
- Ame-se e respeite-se.
- Lembre-se: você é digna de ser bem amada.
- Trate a vida com humor, encontre algo sobre o que rir.

Iluminação

1. Cite uma das suas primeiras experiências com a rejeição.
2. Liste algo sobre o seu último término (durante ou depois dele) que mais afetou a sua autoestima.
3. Em que sua identidade pessoal se baseia — no que outras pessoas falam de você ou no que Deus fala sobre você?
4. Relacione três coisas de que você goste em si mesma. Liste três coisas que você gostaria de melhorar.

PARTE 4:

Dia

10. Surgir:
Acordando para o resto de sua vida

> "Levante-se, refulja! Porque chegou a sua luz, e a glória do Senhor raia sobre você."
>
> Isaías 60:1

Finalmente, é dia. É o momento de recomeçar. Enquanto o sol se levanta, você se delicia com o fato de que um coração partido não é incurável; Deus faz todas as coisas novas. Como é maravilhoso saber que a cada dia temos uma nova chance de começar e recomeçar.

No entanto, em sua jornada pela cura do seu coração, algumas áreas da sua vida talvez tenham sido negligenciadas enquanto você esteve com o seu foco voltado para o seu interior, para a sua dor pessoal. Por mais válido que isso seja, viver "além do término" e encontrar o seu caminho adiante significa prestar atenção nas coisas que você talvez tenha colocado em segundo plano ou ignorado por algum tempo.

Deus está chamando você para ir ao encontro do dia. É hora de acordar e dar assistência ao que resta da sua vida.

Algumas das áreas que possivelmente precisem de sua atenção podem incluir o desejo de reaver algumas amizades que se distanciaram ou construir novas. Você quer retomar novamente sua vida e criar elos sólidos. Com a esperança renovada você relembra do que realmente gosta, e começa a ter esses hobbies e atividades novamente. Ao voltar seus olhos para Deus, ele lhe dará uma visão e paixão renovadas pelos seus bons propósitos, como servir aos outros e usar os seus dons e talentos em oportunidades que surgirão no trabalho e no ministério.

Não espere por outra pessoa para fazer a sua vida melhor. Quando você coloca Deus em primeiro lugar e caminha com ele, ele irá revelar seus próximos passos. Deus primeiro e, em seguida, as outras coisas (Mateus 6:33). O seu futuro pode incluir um novo namorado ou quem sabe um marido, ou talvez não inclua. Apenas Deus sabe. Agora, sirva a Deus, ame os outros, e observe o que acontece em seguida.

MUDANDO A SUA VIDA

Recentemente, quando estava dirigindo no centro e parada em um sinal, vi a antiga estação de trem da cidade do outro lado da rua. Ela, um dia, foi um movimentado centro de transportes, mas, com o tempo, o lugar foi abandonado e caiu em degradação. Anos depois, alguém teve a brilhante ideia de reformar o antigo prédio e agora a antiga estação foi transformada em escritórios e *lofts* estilosos.

Transformação. Mudança. Era o momento de consertar a minha própria vida.

Depois de um término que aconteceu há alguns anos, tinha sido tão consumida pela minha própria miséria que após o rompimento com o rapaz, praticamente me esqueci de quem era e o que queria — e o que Deus queria para mim. Lentamente, comecei a acordar e me lembrar de que eu queria escrever, viajar e organizar minhas finanças para que pudesse ser uma doadora generosa.

Eu podia dizer que uma brisa fresca de mudanças estava soprando em minha vida porque, ao sair da depressão do término, eu repentinamente tinha a urgência de limpar tudo — e não era nem primavera. Eu me livrei de roupas que não cabiam mais em mim ou que não eram mais do meu estilo. Eu queria redecorar minha casa, então fiz algumas pequenas alterações em meu lar. Estava mudando e queria que o ambiente à minha volta mudasse também.

É tempo de novas propostas, novas visões e de novos sonhos em sua vida? Existem coisas que você quer mudar?

> É tempo de novas propostas, novas visões e de novos sonhos em sua vida? Existem coisas que você quer mudar?

Como um casaco de inverno em julho, talvez seja hora de descartar algumas formas antigas de pensar, como pensamentos negativos, ou se colocar para baixo. Talvez você queira perder peso ou fazer um curso — não porque algum rapaz está lhe dizendo que você mude, mas porque você quer fazer isso por você mesma.

Tire esse tempo para focar no que você quer que seja diferente na sua vida: entrar em contato com amigos, aprender mais sobre como os homens "funcionam" ou renovar seu guarda-roupa. Fora com o velho, entre com o novo. Não importa o que você descarte, mas nunca jogue fora a roupa que fica bem em todo mundo e nunca sai de moda:

> Portanto, como povo escolhido de Deus, santo e amado, *revistam-se* de profunda compaixão, bondade,

> humildade, mansidão e paciência. Suportem-se uns aos outros e perdoem as queixas que tiverem uns contra os outros. Perdoem como o Senhor lhes perdoou. Acima de tudo, porém, revistam-se do amor, que é o elo perfeito (Colossenses 3:12-14, grifo meu).

Viver além do término começa quando você acorda para o resto da sua vida e se volta para a gratidão, para a comunidade, para a alegria, para servir aos outros, para visão e propósito, e para a aventura — aprendendo a confiar de novo e a arriscar.

Erga-se para a gratidão

Você passou por muita coisa para sair do término em busca de dias melhores na sua jornada de cura do coração. Você sobreviveu à decepção, ao desalento, e talvez até à depressão. Quando você se volta para a gratidão, seu coração agradecido eleva-se mais alto do que as circunstâncias. Um coração grato clama: "Obrigado por tudo que você fez por mim, Senhor."

Quando você começa a traçar um novo curso em sua vida, lembre-se da escuridão de onde veio e agradeça a Deus pela luz — pela bondade, paz e alegria — você finalmente a tem em seu coração. Mesmo que toda a dor ainda não tenha passado, agradeça a ele por ter chegado tão longe. Aqui estão alguns bons versículos da Bíblia para serem lembrados sobre gratidão:

> *Sempre agradeça* dando graças constantemente a Deus Pai por todas as coisas, em nome de nosso Senhor Jesus Cristo (Efésios 5:20).

Dê graças porque Deus é bom. "Deem graças ao Senhor porque ele é bom; o seu amor dura para sempre" (Salmo 118:1).

Agradeça pelo amor infalível de Deus. "Na sua aflição, clamaram ao Senhor, e ele os salvou da tribulação em que se encontravam. Ele os tirou das trevas e da sombra mortal, e quebrou as correntes que os prendiam. Que eles deem graças ao Senhor, por seu amor leal e por suas maravilhas em favor dos homens" (Salmo 107:13-15).

Agradeça, pois nós temos a vitória. "Mas graças a Deus que nos dá a vitória por meio de nosso Senhor Jesus Cristo" (1 Coríntios 15:57).

Erga-se para a comunidade

Depois de um término, as solteiras normalmente se sentem sozinhas ou afastadas das outras pessoas. O isolamento pode levar à falta de motivação e a muito menos alegria. Em vez de tentar ser forte e autossuficiente, saiba que é bom depender de outras pessoas, especialmente das que sejam realistas, tolerantes e confiáveis.

Nós fomos criadas para estar em contato umas com as outras. Ainda que, muitas vezes, não tenhamos energia para isso quando estamos muito focadas em nossos próprios problemas, ou quando não tiramos tempo para desenvolver amizades de qualidade. Infelizmente, os programas de TV podem se transformar em uma alternativa rápida para se obter companhia, uma vez que as pessoas presentes nesses programas apareçam em sua sala de estar pelo menos uma vez por semana. Mas a TV cria um vínculo de mão única.

Nosso pastor disse, certa vez, que se Deus nos separasse da comunidade de fé, então seríamos presas fáceis para o Inimigo, pois estaríamos isolados e sozinhos. Quer esteja com a sua família, amigos, igreja, clube do livro, estudos bíblicos, equipe esportiva, grupo de teatro da comunidade, clube de *scrapbooking*, ou outros tipos de comunidade, todos nós precisamos de contato humano real, vivo.

Claro, a solidão também pode ser curada e todas nós precisamos de algum tempo para nós mesmas, mas precisamos encontrar um balanço entre estar sozinha e estar com outras pessoas — não apenas com os amigos on-line, mas com interação pessoal face a face.

Realmente, a renovação muitas vezes surge a partir dos relacionamentos. Sendo relacionamentos saudáveis e de apoio no lugar de elos de namoro, eles podem ser muito satisfatórios. Quando as pessoas a tratam com bondade e carinho, elas reforçam as verdades que você aprendeu, ou seja, de que você é digna e tem valor infinito. Provérbios 27:17 diz: "Assim como o ferro afia o ferro, o homem afia o seu companheiro."

Além disso, você talvez seja capaz de ajudar alguém em um momento de necessidade após um término de relacionamento, porque você pode se relacionar e ter empatia. Você pode oferecer esperança a eles e conforto, e ajudar a trazer a cura para os outros a partir da sua própria experiência com a dor e da sua jornada, de cura do coração.

Quando Erica passou por um divórcio doloroso, ela foi afortunada por ter membros da igreja que providenciaram ajuda prática, assim como muito apoio e encorajamento.

As pessoas estavam constantemente oferecendo convites para que fosse às suas casas para jantares e bate-papo. Isso a ajudou a se sentir menos triste e sozinha e muito amada pela sua comunidade de sua igreja, que, como corpo de Cristo, servia de modelo a ela. Alguns dos homens da igreja se ofereceram para fazer consertos em sua casa (que estava precisando de reparos) e cortar a grama do seu jardim. Um dos diáconos era um consultor de finanças que a ajudou com seu planejamento financeiro depois do divórcio. Além disso, ela recebeu centenas de orações e cartas de apoio. Erica estava extremamente grata por sua igreja amá-la de uma forma que ela nunca havia se sentido amada antes.

De fato, o que a igreja fez por Erica foi considerado um testemunho para a comunidade. Enquanto ela passou pelo processo de luto e foi apoiada de todas as formas possíveis, aqueles que estavam fora da igreja olhavam-na com espanto e admiração.

ERGA-SE PARA A ALEGRIA

Depois de estar triste por tanto tempo, você provavelmente se perguntou quando sentiria alegria novamente. Salmo 126:5 diz: "Aqueles que semeiam com lágrimas, com cantos de alegria colherão." É uma nova temporada em seu coração. Está na hora de lembrar-se da alegria.

À medida que você caminha em direção aos dias mais claros pela estrada da cura da dor do término do seu coração, a alegria retorna. Você se lembra de como a sensação de gargalhar era boa. E encontra prazer em brincar com os filhos da sua irmã ou com o bicho de estimação do seu amigo. Você acorda dos tempos de escuridão que a vinham consumindo, e se lembra do que realmente gosta, o que a faz feliz, e começa a fazer essas coisas novamente — como ouvir jazz ou andar de bicicleta.

Quando algo é prazeroso e faz com que me sinta muito bem, chamo de um "momento framboesa". Acontece que, quando como framboesas frescas, elas me fazem muito feliz porque tenho boas memórias associadas ao ato de comê-las.

É engraçado como basta uma mordida nessa pequena fruta vermelha e, de repente, estou com 8 anos novamente. Posso me ver ainda garotinha andando pela rua de cascalho em frente à cabana de verão dos meus avós na floresta ao norte de Winsconsin em direção a um longo caminho em que havia framboesas selvagens. Nós as colhíamos e as comíamos com cereal ou direto da framboeseira, quando simplesmente não conseguíamos esperar. Posso me perder em lembranças sobre esses longos dias de verão, de liberdade e de aventura — só eu e minhas duas irmãs com meus avós maternos por duas semanas em todos os verões. Bênçãos!

Existe alguma coisa em sua vida que seja um "momento framboesa" para você? O que faz você se sentir realmente bem quando pensa sobre?

Erga-se para servir aos outros

Eu acho que foi Mark Twain que disse: "A melhor forma de se alegrar é tentar alegrar outra pessoa."

Depois que um relacionamento terminou na vida de Barbara, ela descobriu que servir aos outros tirava o foco de si mesma e de seus problemas ao mesmo tempo em que construía o reino de Deus. Ela disse: "Eu me sentia bem, e isso me deu um propósito." Apesar das circunstâncias em que vivia, Barbara descobriu que, quando ela estava abençoando os outros com atos de servidão e bondade, Deus a abençoava com alegria. Em vez de esperar outro homem aparecer, ela podia "esperar por" ou servir aos outros. "Como uma garçonete que serve a outras pessoas, eu posso *esperar* em Deus enquanto sirvo", ela concluiu.

A Bíblia diz que seja lá o que façamos pelos outros, nós essencialmente o fazemos por Jesus Cristo (Mateus 25:40). Tenho de lembrar que a minha vida não diz respeito somente a mim. É mais do que isso. Deus nos criou para ele mesmo e parte disso é servir a outras pessoas. "Porque somos criação de Deus realizada em Cristo Jesus para fazermos boas obras, as quais Deus preparou antes para nós as praticarmos" (Efésios 2:10).

A razão de servirmos, no entanto, não é porque boas ações irão salvar nossa alma. Não, Deus nos deu graça para isso. Não é para ganhar pontos em troca de favores de Deus. Nós servimos aos outros porque Deus nos pede para fazê-lo, e porque ele já fez tanto por nós. É por causa de um coração que se regozija e não apenas por obrigação, que escolhemos servir aos outros.

Por isso, vamos a viagens missionárias, não apenas para falar, mas para demonstrar amor a um garoto de 10 anos da República Tcheca que nunca ouviu falar do amor de Deus. Aparecemos nas manhãs de sábado na missão de resgate para servir comida àqueles que não têm o suficiente para comer. Ou mesmo, como minha amiga Anne, oferecer condução aos nossos amigos de fora da igreja para que eles possam ir à igreja ouvir a verdade e serem transformados para sempre.

"Se com renúncia própria você beneficiar os famintos e satisfizer o anseio dos aflitos, então a sua luz despontará nas trevas, e a sua noite será como o meio-dia" (Isaías 58:10).

Pense na vida cristã como uma esponja de dois lados — o lado esponjoso absorve a água e a sujeira, o lado verde esfrega. Da mesma forma, *nós absorvemos* a verdade de Deus (lendo a Bíblia, ouvindo uma palestra, ou lendo um livro, por exemplo) e então nós saímos e *servimos*. Primeiro a Palavra, e depois o trabalho.

Você talvez se surpreenda com as atribuições divinas que Deus coloca em nosso caminho quando se abre os olhos às necessidades à nossa volta. Nem precisa ser um projeto de serviço muito elaborado. Servir pode incluir algo tão simples quanto ser gentil com a mulher do outro lado do balcão na lavanderia. Quando você dedica um tempo para dizer "olá" e sorrir, mesmo quando está com muita pressa, pode fazer a diferença no dia de alguém.

Dwight L. Moody disse uma vez: "Eu sou apenas um, mas eu sou um. Não posso fazer tudo, mas posso fazer alguma coisa. E isso que posso fazer, pela graça de Deus, eu farei."

O que você está disposta a fazer para servir a Deus ao servir outras pessoas hoje?

Erga-se para a visão e para o propósito

Deus a fez unicamente para preencher os bons propósitos dele. Junto com o servir a outras pessoas, fomos feitos para adorar a Deus, valorizá-lo, e para encontrar e cumprir nossos chamados no trabalho, ministério e na vida.

Entretanto, algumas vezes, nós podemos ser puxados para baixo por pedras pesadas do luto, da raiva ou do conflito não resolvido. Podemos estar carregando uma mágoa, sentimentos de inferioridade, ou uma impressão egocêntrica que confronta outra impressão também egocêntrica. Sejam quais forem as pedras que você está carregando, elas podem estar lhe impedindo de andar para frente.

Talvez você ache que não é boa em nada que faz. Que não tem nenhum talento especial — ou que eles ainda não foram reconhecidos. Quando achar que não pode, ou quando achar que você não tem nada a oferecer, lembre-se do que uma pessoa me disse recentemente: "Deus não chama os *capacitados*, ele capacita os *chamados*." Quando Deus chama para fazer algo, você pode permanecer imóvel e ignorá-lo, ou pode ouvi-lo, mover-se com fé e permitir que ele lhe dê os recursos necessários para que realize o trabalho.

Você foi criada por Deus e para ele (Colossenses 1:16). Ele a elaborou com um intelecto único, criatividade e personalidade para usar seus talentos e desenvolver seus dons.

> Assim como cada um de nós tem um corpo com muitos membros e esses membros não exercem todos a mesma função, assim também em Cristo nós, que somos muitos, formamos um corpo, e cada membro está ligado a todos os outros. Temos diferentes dons, de acordo com a graça que nos foi dada. Se alguém tem o dom de profetizar, use-o na proporção da sua fé. Se o seu dom é servir, sirva; se é ensinar, ensine; se é dar ânimo, que assim faça; se é contribuir, que contribua generosamente; se é exercer liderança, que a exerça com zelo; se é mostrar misericórdia, que o faça com alegria (Romanos 12:4-8).

Ouvi dizer que os jogadores de beisebol se preparam mentalmente para um jogo imaginando as medidas que eles tomariam durante o jogo para ganhar. Eles se veem ganhando. O que você prevê para a próxima fase de sua vida após anos andando na estrada? Por que não se imaginar feliz? Imagine-se rindo com os amigos, curtindo a família, e fazendo o que você mais ama. Você pode até escrever o que imaginou.

Qual é a sua paixão? O que você sonha em fazer na vida, no trabalho, no ministério? Tire um tempo para descobrir quais são os seus dons espirituais e como você pode usá-los. Considere consultar um conselheiro para ajudá-la a fazer a sua escolha.

Deus a está chamando para algo nessa nova fase da sua vida — qual será a sua resposta?

Erga-se para a aventura

Na faculdade, eu tinha um pôster no meu quarto em que vinha escrito: "Um navio em um porto está a salvo, mas não é para isso que os navios servem." Navios são feitos para irem a outros lugares, eles são para aventuras, não para as docas secas. Certamente existe um momento em que um navio precisa ser retirado da água para os reparos necessários. Mas ele não fica lá. Em tempos de tempestade ou em mar calmo, sol ou chuva, ele navega.

> Se Deus é o capitão da sua vida, então a confiança é construída e o medo desaparece, pois você sabe que ele é inteiramente confiável, seguro e verdadeiro.

Ainda assim, muitas vezes, as pessoas que tiveram seus corações partidos querem ficar na segurança do porto em vez de se arriscarem a navegar novamente no mar aberto do amor. Theodore Roosevelt disse isto sobre correr riscos: "É muito melhor arriscar-se em grandes coisas para ganhar *triunfos gloriosos*, mesmo que depois se verifique o fracasso, do que se posicionar como esses pobres espíritos, que nem *curtem* muito, nem sofrem muito, porque vivem na penumbra cinza de quem não conhece nem a *vitória* nem a derrota" (grifo meu).

Começar de novo pode ser desafiador. Você foi magoada e não quer arriscar ter o coração partido novamente. Você se acostumou com a calmaria das águas do porto. Ele é quieto, confortável e seguro. Mas isso é existir e não viver. É preciso uma atitude de fé para colocar o barco novamente no mar.

"A atitude de fé sempre significa amar sem esperar ser amado de volta, dar sem querer receber, convidar sem esperar ser convidado, segurar sem pedir para ser segurado", diz Henri Nouwen em *The Return of the Prodigal Son* [A volta do filho pródigo]. "E cada vez que eu tenho uma pequena atitude, vislumbro aquilo que é feito por mim e sinto-me convidado a essa alegria na qual não encontro apenas a mim, mas também meus irmãos e irmãs."[1]

Em vez de tomar uma atitude às cegas, você toma uma atitude de fé consciente, porque sabe quem está guiando o barco da sua vida. Se Deus é o capitão da sua vida, então a confiança é construída e o medo desaparece, pois você sabe que ele é inteiramente confiável, seguro e verdadeiro. E ele é seu: "Mas eu confio em ti, Senhor, e digo: Tu és o meu Deus" (Salmo 31:14).

À medida que você aprende a correr riscos com propósito e oração e a confiar de novo, irá embarcar em algumas novas aventuras maravilhosas na vida. Aventure-se. Viaje. Com o seu capitão competente e experiente, quem sabe que aventuras a esperam?

Oração

Senhor, obrigada por um novo dia. Nesse novo momento de minha vida, ajude-me a aprender a viver "além do término" e a seguir em frente. Tens feito tanto por mim, e estou verdadeiramente agradecida. Me ajudarias a acordar para o resto da minha vida, a viver em harmonia com outras pessoas e a encontrar amigos? Ensine-me como encontrar mais alegria, a servir aos outros, a despertar para pensar em um propósito para a minha vida e a confiar novamente. Em nome de Jesus, amém.

Luz para a jornada

Crie uma "folha de sonhos", uma lista de coisas que você gostaria de fazer agora e que provavelmente tenha negligenciado. Para ajudar a clarear sua visão e seu propósito em relação ao futuro, talvez você queira juntar a esta folha um relato, em forma de uma história, de como você se imagina daqui a um ano, ou daqui a cinco anos. Então, ore e peça por direção e favor: no Salmo 37:5,6 lê-se: "Entregue o seu caminho ao Senhor; confie nele, e ele agirá; ele deixará claro como a alvorada que você é justo, e como o sol do meio-dia que você é inocente."

Iluminação

1. Liste algumas das coisas que você quer mudar em sua vida (como, por exemplo, perder peso, passar mais tempo com Deus, parar de ser tão negativa, fazer um curso, viajar, começar um negócio etc.).

2. Pense em um tempo em que você foi feliz e relate um "momento framboesa".
3. O que você pode fazer para procurar e servir a alguém necessitado hoje?
4. O quão segura você se encontra a respeito de correr riscos e seguir em frente na vida?

11. Brilho: Tomando decisões mais saudáveis da próxima vez

> "Faze-me ouvir do teu amor leal pela manhã, pois em ti confio. Mostra-me o caminho que devo seguir, pois a ti elevo a minha alma."
>
> Salmo 143:8

É MANHÃ NA SUA JORNADA pela cura de seu coração. A promessa se um novo dia espera por você, uma oportunidade para recomeçar. Um quadro em branco. Uma oportunidade, se você a quiser, para aprender sobre como fazer, na próxima vez, escolhas melhores no amor e nos relacionamentos.

A presença da luz muda a sua percepção. Sem as trevas para escurecerem a sua visão, você pode ver claramente. Você não cai nem tropeça nas coisas por conta da falta de luz. Da mesma forma, a luz da verdade de Deus lhe permite "ver" espiritualmente. No livro de Salmos aprendemos que: "A tua palavra é lâmpada que ilumina os meus passos e luz que clareia o meu caminho" (Salmo 119:105). Nada mais de se esconder nas sombras do passado — quer elas estejam nas escolhas pouco felizes feitas por você, quer nas coisas que os outros disseram ou fizeram com você.

Você pode escolher seguir a luz verdadeira (João 1:9), Jesus Cristo, ou as luzes falsas da sabedoria mundana que procuram atrair e iludir. Mas quando se fala em tomar conselhos, certifique-se de que você sabe a diferença entre o que é falso e o que é verdadeiro. Por exemplo, uma amiga bem intencionada pode lhe dizer para "simplesmente sair para o mundo" e começar a namorar; não importa se ela é ou não uma cristã. Ela pode sinceramente querer o seu bem, mas também pode estar completamente errada. Luzes falsas possivelmente se apagam enquanto a verdade duradoura de Deus continua brilhando.

Com a luz de Cristo, lacunas em seu coração são expostas. É normal sentir um buraco vazio na sua vida quando a pessoa que você amava (ou gostava) não está mais lá, mas quando tentamos preenchê-lo com mentiras, meias verdades, ou coisas nocivas, o vazio permanece.

Mia, uma executiva de Chicago de trinta e pouco anos, acreditava que, se tivesse um namorado, a vida dela ficaria completa. Quando alguém a amava, ela se sentia bem consigo mesma. Quando não, a sua autoestima desabava. Apenas com um homem em sua vida ela se sentia satisfeita. Por um tempo um novo relacionamento parecia saciar a fome de seu coração, mas então ela ficava aparentemente faminta por mais, e o vazio voltava.

Muitas vezes tentamos preencher o nosso coração com o que outra pessoa pensa, diz ou faz quando deveríamos estar preenchendo-o com Deus. Ele não deixa que ninguém nos realize plenamente, de outra forma não precisaríamos dele.

O Senhor "satisfaz plenamente o faminto" (Salmo 107:9), satisfaz a fome física e o coração faminto. Não é errado querer ter um relacionamento com um homem. Deus sabe tudo sobre relacionamentos e ele deseja que nos relacionemos e vivamos em comunhão. Quando colocamos Deus em primeiro lugar em nosso coração, ele preenche o nosso vazio e nos tornamos aptos a receber o amor de outros, retê-lo, e doá-lo.

Talvez você ache que porque Deus não lhe deu alguém novo para amar, ele não se importa ou que ele se esqueceu dos seus desejos. Deus não se esquece, se cansa ou se descuida. Ele está constantemente trabalhando na vida de seus filhos, e tudo o que Deus é, por uma razão — até mesmo naquilo que consideramos atrasos divinos.

Agora que você está superando o Príncipe Encantado (ou o Sr. Imagino Onde Foi Parar) você talvez queira pensar sobre como irá fazer as coisas diferentes em seu próximo relacionamento. Você pode estar pronta para amar novamente e fazer escolhas mais sábias e saudáveis tornando-se uma mulher de sabedoria, altos padrões, expectativas realistas, amor e fé.

> Quando colocamos Deus em primeiro lugar em nosso coração, ele preenche o nosso vazio e nos tornamos aptos a receber o amor de outros, retê-lo, e doá-lo.

TORNE-SE UMA MULHER DE SABEDORIA

Fazer escolhas melhores nos relacionamentos começa quando você pensa com que tipo de pessoa quer namorar e *como* irá namorar — da maneira do mundo ou da maneira de Deus.

Na cultura ocidental, namorar é muitas vezes uma atividade recreativa e inclui níveis de intimidade emocional e física (como fazer sexo antes do casamento) que são contrárias às crenças cristãs.

Apesar de a palavra "namorar" não aparecer na Bíblia, ela diz que um seguidor de Cristo deve se casar com outro seguidor de Cristo. A passagem 2 Coríntios 6:14 diz: "Não se ponham em jugo desigual com descrentes. Pois o que têm em comum a justiça e a maldade? Ou que comunhão pode ter a luz com as trevas?"

Na Palavra de Deus não há um "manual para o namoro". No entanto, sabemos que ele deseja que as pessoas tratem umas às outras com honestidade, respeito e honra. Honrar outra pessoa seguindo princípios bíblicos significa ser mais centrada no outro do que em si mesma e experimentar a intimidade física somente após o compromisso (o compromisso do casamento).

Parece sábio conhecer alguém primeiro para ver se vocês são compatíveis antes que iniciem um namoro. Passe tempo com seus amigos, com os amigos dele ou com o seu grupo de solteiros, no lugar de ter um momento a sós. Assim você pode evitar um aborrecimento para ambas as partes se um dos dois descobrir que a outra pessoa não é exatamente a ideal.

Podemos examinar as considerações de como viver uma vida sagrada e aplicá-las em todos os nossos relacionamentos, incluindo namoros e casamento. O livro de Efésios lista algumas delas: "Sejam completamente humildes [...] e sejam pacientes, suportando uns aos outros com amor" (Efésios 4:2); "falar a verdade" (Efésios 4:25); "quando vocês ficarem irados, não pequem" (Efésios 4:26); " nenhuma palavra torpe saia da boca de vocês, mas apenas a que for útil para edificar os outros" (Efésios 4:29); "livrem-se de toda amargura" (Efésios 4:31); "sejam bondosos e compassivos... perdoando-se mutuamente" (Efésios 4:32); "e vivam em amor" (Efésios 5:2).

Tão naturalmente quanto a luz dissipa a escuridão, a luz da Palavra de Deus revela a verdade. Passo a passo, momento a momento, e escolha a escolha, o seu coração é iluminado com compreensão e momentos de "estalo"; você finalmente entende e começa a mudar a sua visão de si mesma, a Deus, e o papel dele em sua vida amorosa.

Sabedoria é essencial ao se fazer escolhas. Sem ela, nós fazemos coisas realmente tolas que machucam os outros e a nós. A sabedoria protege, lidera, orienta e nos mune de conhecimento e de compreensão. A sabedoria nos dá a vitória!

Quando você segue o caminho da sabedoria, algo maravilhoso acontece. Você cresce por dentro. Quando as dificuldades vêm, como um término de relacionamento, elas podem nos fazer ficar mais sábias e nos tornarmos espiritual e emocionalmente mais maduras. Como uma pessoa desse tipo se parece?

Uma pessoa madura ama, aceita e respeita a si mesma. Ela aprende a enxergar a rejeição e a perda sob um novo ponto de vista, e confia na imagem maior da mão orientadora de Deus. Ela lida com as questões conforme elas vêm e não deixa que se acumulem. O lixo deve ser retirado regularmente, e o lixo emocional também precisa ser processado e frequentemente jogado fora. Ela não se mantém presa ao passado, mas se agarra com força ao Salvador que é o seu futuro e a sua esperança.

Uma pessoa madura vive a *realidade* do presente, não a *fantasia* do passado ou do futuro. Ela não fica, por muito tempo, obcecada por um homem que a largou ou se imagina a si mesma em um vestido branco e usando um véu com alguém que claramente não está interessado nela. Uma pessoa madura crê que Deus realmente sabe o que é melhor para ela. E ela vive segundo aquilo que crê. Tiago 1:22 diz: "Sejam praticantes da palavra, e não apenas ouvintes, enganando-se a si mesmos." Creia nisso, faça-o e mude a sua vida.

Quando você vive a luz da verdade de Deus, começa a se sentir mais forte e mais confiante, e se torna mais preparada para fazer escolhas mais saudáveis de relacionamento.

O que impede as mulheres de tomarem decisões melhores em relação aos homens que escolhem e a como agem quando estão com eles? Egoísmo. Rebeldia. Ignorância. Apatia. Muitas coisas. Mas também é importante saber que quanto mais você quer acertar, mais o maligno quer que você erre. A vida cristã é uma batalha constante entre o bem e o mal, verdades e mentiras. O seu inimigo quer que você fracasse. De fato, ele é como um ladrão que só quer "roubar, matar e destruir" (João 10:10). Ele quer roubar a sua alegria, matar seus sonhos e destruir seus relacionamentos.

> Obter o amor duradouro e a intimidade que você deseja, é essencial para identificar os padrões nocivos em sua vida; mude o que puder sobre você, e então perceba com maior clareza as qualidades que você quer em outra pessoa.

No entanto, tenha bom ânimo. Jesus veio para que você "tenha vida, e a tenha plenamente" (João 10:10). O Inimigo mente quando você ouve que não é suficientemente capaz. Ele mente quando você se sente como se nunca fosse encontrar alguém especial, como se fosse ficar sozinha para sempre, como se ninguém realmente se importasse com você, ou como se você nunca fosse mudar. Não é verdade. Não compre as mentiras do maligno. Ele tem feito isso desde o Jardim do

Éden. Ele enganou Eva, e ele tentará enganar você. Quando você sabe a verdade e fica de pé, pode combater as mentiras e encontrar a vitória na sua vida amorosa e em toda a sua vida.

Torne-se uma mulher de alto padrão

Muitas vezes os livros sobre relacionamentos enfatizam *encontrar* a pessoa certa, mas também é importante *ser* a pessoa certa. Para ter um amor duradouro e a intimidade que você deseja, é essencial identificar padrões nocivos em sua vida, mudar o que puder sobre você mesma e, só então, ter maior clareza sobre as qualidades que você quer em outra pessoa.

Identifique padrões nocivos. Relacionamentos saudáveis crescem quando conhecemos a nossa verdadeira identidade, quem somos em Cristo, e respeitamos a nossa individualidade e singularidade. Eles também florescem quando sabemos quem é Deus e nos comunicamos com ele. Como isso faz diferença em nossa vida (os Capítulos 5 e 7 cobrem esse assunto mais detalhadamente). Todos nós somos feitos de hábitos diferentes, traços de personalidade e formas de nos relacionar. No entanto, algumas vezes fazemos coisas em um relacionamento que magoam ou prejudicam a nossa união, e não sabemos o porquê.

Às vezes, sabemos nossos pontos fracos; às vezes, ficamos cegas. Danielle trabalha em uma universidade de renome e ela é uma cristã fiel há anos. Como muitas mulheres, ela fala com as amigas sobre homens e lê livros e artigos sobre eles. Ela pensou que havia entendido os relacionamentos — e então Glenn apareceu. Ele não estava no mesmo nível espiritual e emocional que ela, e ela sabia que ele não era o homem certo. Ainda assim, pouco a pouco, ele a conquistou com seu carisma e suas palavras encantadoras.

Danielle passou um bom tempo com ele sabendo que aquilo não iria levar a lugar nenhum e todo dia o coração dela investia mais e mais no homem errado. Ela também sabia que estava faminta espiritualmente porque não estava lendo a Bíblia (seu alimento espiritual) há meses. Com fome de atenção, ela esqueceu as palavras sábias de Provérbios 4:23: "Acima de tudo, guarde o seu coração, pois dele depende toda a sua vida." A afeição do coração dela era forte e estava levando-a por um caminho que só significava problemas. Apesar de ser forte em sua fé, ela percebeu que sem plantio firme da Palavra de Deus como sua verdade, ela era tão vulnerável quanto qualquer pessoa.

Ela sabia que algo tinha de mudar, e durante os poucos meses seguintes Danielle começou a se lembrar de onde o seu verdadeiro valor vinha; era a opinião de Deus sobre ela, não a de um homem, que realmente importava. Como ela encheu seu coração com as promessas de Deus sobre a sua dignidade, seu valor e o quanto Deus a ama, Danielle ficou mais forte e foi capaz de tomar melhores decisões sobre com quem ela deveria passar seu tempo no futuro.

Pense sobre suas experiências amorosas do passado. O que deu errado? Por que terminou? É útil identificar qualquer padrão que talvez esteja sabotando o amor que você deseja. Você pode começar fazendo uma lista das coisas que aprendeu em relacionamentos passados — coisas que você fez, mas que não faria novamente. Aqui estão alguns exemplos:

- Ficou por muito tempo em um relacionamento sem futuro.
- Não se defendeu quando ele a machucou com palavras ou ações.
- Cedeu quando ele quis ir mais longe do que você gostaria fisicamente.
- Teimosamente, queria tudo do seu jeito o tempo todo.
- Não sabia o que fazer quando ele a tratava mal.
- Viveu em um mundo de fantasias pensando que um dia "seria mais" quando ele só queria uma amizade.
- Procurou-o quando você deveria ter esperado que ele a procurasse.
- Apressou-se de um relacionamento para outro quando você não estava pronta para amar novamente.

Mude seus pensamentos e suas ações. Agora que você sabe o que não quer, é hora de fazer algumas mudanças. O que você quer fazer diferente da próxima vez? Você não precisa ficar presa aos padrões do passado. Pergunte-se por que você tomou decisões imprudentes em seus relacionamentos. Se você não sabe, então ore e peça a Deus para revelar-lhe qualquer hábito ou padrão que a mantém presa ao passado (para mais informações, veja os exemplos no final deste capítulo em "Luz para a Jornada").

A mudança não precisa ser assustadora. Você pode começar escolhendo uma área por vez e fazendo algo, porque pequenos passos levam a grandes mudanças. Alterando o que você faz, isso irá mudar como você pensa e sente. Em seu livro *Pleasers* [Os agradáveis], Dr. Kevin Leman afirma que "quando você começa a mudar o seu comportamento, suas atitudes, emoções e sentimentos irão mudar também."

Ele sugere: "Pergunte-se: *Como a "velha eu" reagiria a essa situação? Como a "nova eu" irá reagir?*"[1]

Seja clara em relação ao que você realmente precisa em um relacionamento. Minha amiga Heidi me disse uma vez: "A diferença entre o homem errado e o certo é como a diferença entre a noite mais escura e o dia mais claro." Para fazer escolhas que levem ao amor e à intimidade que você deseja, é importante conhecer as características que você quer — e não quer — em um homem. Quais são os seus critérios? Pense sobre o tipo de homem que você teve no passado. O que você quer agora? Faça uma lista de coisas de que você precisa em um relacionamento. Por exemplo: "Eu preciso

- ter uma ideia melhor do que necessito em outra pessoa;
- aprender a avaliar mais rápido se um homem é certo ou não para mim;
- ser clara comigo mesma e com a outra pessoa sobre quais comportamentos eu irei e não irei aceitar;
- de alguém que seja consistente com as suas palavras e ações;
- tirar um tempo para um relacionamento de qualidade; me sentir mais unida;
- de um homem que irá me procurar, esteja disponível e, me trate com respeito."

COMO ENCONTRAR O PRÍNCIPE ENCANTADO

Existem muitos traços essenciais para procurar em um namoro, e eventualmente no parceiro. Eu tenho cinco listados aqui: Cristão, Comunicação, Caráter, Chamado e Química.[2]

Cristão significa que ele tem um andar comprometido com Deus, que aceitou Jesus como seu Salvador pessoal e Senhor, e que está em um caminho de crescimento e descoberta. O que mais isso significa para você? Você quer alguém que irá para a igreja com você todo domingo? Você quer que orem juntos como um casal? Pense sobre como você quer viver a sua vida espiritual com outra pessoa.

Comunicação é a chave para qualquer bom relacionamento. É falando e ouvindo, construindo uma harmonia e intimidade, dividindo, e muito mais. Que tipo de comunicação é importante para você em um relacionamento? Você fica confortável em ter uma conversa profunda, ou você prefere algo mais leve? O que é uma "boa comunicação" para você?

Lembro-me de um relacionamento terrível com um homem que não falou comigo praticamente o tempo inteiro em que estivemos juntos. Em uma tarde de domingo, nós fomos até Green Bay para um jogo de futebol americano dos Packers, e ele ficou completamente mudo por todo o jogo — incluindo o intervalo! A viagem longa e muda de volta para casa foi terrível. Eu disse para mim mesma naquele dia que eu precisava de um homem que não falasse simplesmente comigo, mas que soubesse se comunicar bem.

Caráter se refere ao temperamento, à personalidade e fibra moral. Ele tem integridade? Ele cumpre suas promessas? Diz o que quer dizer e quer dizer o que diz? Como suas personalidades se mesclam? Vocês têm temperamentos que se complementem?

Química é outra palavra para atração. Ele é bonito a seus olhos? Ele tem qualidades que chamam sua atenção? Existe aquele "algo" a mais que desperta algo diferente em vocês enquanto casal? Claro, química e atração são importantes em um relacionamento, mas não deixe que seus sentimentos ditem as suas escolhas baseado somente na figura de alguém. A beleza verdadeira é mais do que um sorriso perfeito e um corpo em forma. As qualidades internas são tão importantes quanto as externas, o importante é como aquela pessoa a faz se sentir. Além disso, a química é apenas um dos itens essenciais para uma união saudável e plena, uma peça do quebra-cabeça do amor.

Chamado é o termo que eu uso aqui para a visão de Deus para o seu relacionamento. Ele é a pessoa certa para um relacionamento longo? Deus a chamou para casar com esse homem, para ser a esposa e companheira dele? Você pode ter todos os outros itens, mas se o "C" de chamado não está lá, nunca irá funcionar.

Finalmente, antes que você namore alguém — quer você o conheça na internet ou no trabalho — tenha certeza de que ele não é casado. Sério. Não confie nele usando um anel. Josh tinha o tipo dos olhos azuis cativantes que você poderia mergulhar dentro e nadar por horas. Ele era um novo cliente de nossa empresa e sempre parava em minha mesa para falar oi e bater um breve papo. Claro, ele sempre tinha algo interessante para dizer e muitas vezes eu mal conseguia ser gentil enquanto tentava me lembrar de seu nome.

O dedo da aliança de sua mão esquerda não tinha nada, um bom sinal. Nenhum brilho de uma aliança de ouro tinha sido vista. Como não havia um homem em minha vida naquele momento, me divertia sonhando acordada com ele. Era só por diversão, dizia a mim mesma. Até que um dia descobri que ele era casado. Casado! Sim. Com a mesma mulher por vinte anos. Oh, e eles tinham uma penca de filhos. *Como na Terra isso era possível?* Quero dizer, ele nunca usava aliança e ele era tão legal. Eu estava chocada, e surpreendentemente, um pouco magoada. Eu sei que não deveria ter ficado, mas O Homem Dos Sonhos se foi. Em quem eu iria pensar agora?

Estava na hora de limpar meu coração e cabeça da menor suspeita de desejo por essa pessoa e voltar a pensar no que eu realmente queria — um amor duradouro centrado em Deus.

Torne-se uma mulher de expectativas reais

Enquanto isso, é bom ter padrões e considerar os aspectos espirituais, intelectuais, sociais, emocionais e físicos da sua pessoa ideal, e também será sábio não esperar por perfeição. O "homem certo" será o melhor para você, caso inclua Deus em sua vida amorosa. Faça uma lista de qualidades que você está procurando em um homem, e ore sobre essa escolha importante.

O amor será mais bem-sucedido quando você não espera que um homem — ou qualquer pessoa — não tenha defeitos. Claro, sabemos que homens e mulheres são diferentes de muitas formas, então quanto mais nós aprendemos sobre o sexo oposto, maiores as chances de termos uma melhor comunicação, com menos frustração e mais apreciação mútua.

Em *Finding Mr. Right* [Como encontrar o príncipe encantado], Stephen Arterburn revela que o *coração* de um homem é a parte mais importante da sua anatomia. "Frequentemente, as mulheres focam nos traços errados e confundem falhas de caráter com força. Elas desejam um homem confidente, confiante, mas erroneamente terminam com um insensível, exigente e idiota. Querendo força, elas podem evitar um homem que tem um lado sensível, que realmente está interessado em quem elas são e como agradá-las." Ele também diz que a mulher sábia procura pelo "homem interior, que é seguro o suficiente para amar, livre o suficiente para rir e humilde o suficiente para aprender".[3]

Também é importante não ter expectativas irreais sobre o casamento. Algumas pessoas idealizam a fantasia do que elas acham que o casamento deveria ser, e algumas vezes um confronto com a realidade é necessário.

Eu tenho um colega de trabalho que está casado por mais de uma década. Ele e a esposa têm uma grande família e, vendo os dois algumas vezes no trabalho, imaginei que eles tinham um casamento forte, feliz, livre de conflitos e sempre renovado. Uma vez eu disse para ele: "Vocês fazem parecer tão fácil." Seu sorriso franco ficou sério quando ele respondeu: "Levamos anos para chegar a esse patamar." *Ui!* Eu precisava ouvir isso. Precisava saber que o casamento, como qualquer outro relacionamento, tem altos e baixos. É preciso dedicação para viver esse tipo de comprometimento.

Tão desafiador quanto isso possa parecer, o casamento também pode ser maravilhoso. A noiva e o noivo são uma imagem de como Cristo ama a igreja. O casamento é um compromisso assumido diante de Deus e do homem de amar, honrar e respeitar esta pessoa para o resto da sua vida — no melhor ou no pior. Mesmo quando ele deixa as roupas espalhadas no chão ou você está doente. Mesmo quando as crianças estão gritando e você não conseguiu conversar com um adulto o dia inteiro. Mas quando você encontra alguém que a aceita mesmo quando você está com TPM, e ele a ama apaixonadamente e ama a Deus com todo o seu coração, então você sabe que encontrou algo muito bom.

Enquanto você pensa e ora sobre o que quer em um parceiro para a vida, mantenha uma visão realista do casamento, tanto o lado bom quando o lado desafiador.

Amizade ou namoro — discernindo a diferença

Outro momento para abrir os olhos e ter expectativas realistas é saber em que estágio do relacionamento com um rapaz você está. Você pode estar na "Zona do Desconhecido", o lugar peculiar entre a amizade e o namoro no qual não sabe realmente o que o seu relacionamento é e onde você se encaixa. Ele pode se tornar em algo real e duradouro, ou talvez não. Como você pode saber quando ele não se comunica ou seus sinais são confusos?

Michelle McKinney Hammond chega ao cerne da questão no livro *The Unspoken Rules of Love [As regras ocultas do amor]*: "Se ele não pede para você ter um relacionamento exclusivo com ele, presume que você não está em um relacionamento."[4] Ele precisa dar início ao relacionamento e insistir nele. Se não, ela continua: "Reconsidere e curta suas outras opções. Não se comporte como se você estivesse em um relacionamento comprometido quando não está. Fazendo isso irá apenas deixar seu coração confuso e prepará-lo para a decepção e o desgosto partido. Se ele não diz a você o que ele quer ser em um relacionamento, considere-se oficialmente 'só uma amiga.'"[5]

Um pastor que eu conheço disse uma vez: "A prova do desejo está na busca." Se um homem quer conhecê-la, você saberá as intenções dele. Você não tem de adivinhar. Não dê desculpas por ele, tipo ele está ocupado, talvez ele seja tímido, talvez ele esteja em uma crise familiar, ou talvez (preencha o espaço). Fim da linha: *Por qualquer razão* (você nem precisa saber qual), se ele não está indo atrás de você, então você precisa deixá-lo ir. Continue em frente com a sua vida e confie em Deus para encontrar um homem certo para você.

TORNE-SE UMA MULHER DE INTEGRIDADE

Sinais e avisos são importantes para sua segurança na estrada e nos relacionamentos. Você já esteve no trânsito, e o carro à sua frente liga o pisca-alerta da *esquerda* e de repente ele vira para a *direita*. *Ei — o que você está fazendo?* Quando um homem a trata assim, enviando sinais contraditórios, pode ser confuso. É hora de fazer perguntas e ter esclarecimentos. Que tipos de sinais ele está dando para você? Ele age como se fosse seu namorado e então a trata como uma amiga? Ele quer apenas ser físico (sexual) com você, e então age como se nem a conhecesse? Se ele não vai atrás de você, não se contente em ser uma "amiga colorida". Você merece mais.

Pense sobre isto: a luxúria visita, o amor fica. A luxúria toma, o amor dá. A luxúria é egoísta, o amor coloca o outro em primeiro lugar. Você pode dizer, depois de certo tempo, as intenções de um homem. "Só o tempo pode revelar a diferença entre paixão e o amor duradouro", diz Bill Hybels em *Fit to Be Tied* [Pronto para se relacionar].[6]

Para ser uma mulher de integridade, vá para a fonte de integridade, a Bíblia. Esse livro útil e sagrado fala sobre o que fazer e o que não fazer com o seu corpo antes do casamento. Por exemplo, 1 Coríntios 6:18-20 diz:

> Fujam da imoralidade sexual. Todos os outros pecados que alguém comete, fora do corpo os comete; mas quem peca sexualmente, peca contra o seu próprio corpo. Acaso não sabem que o corpo de vocês é santuário do Espírito Santo que habita em vocês, que lhes foi dado por Deus, e que vocês não são de si mesmos? Vocês foram comprados por alto preço. Portanto, glorifiquem a Deus com o seu próprio corpo.

O sexo é para duas pessoas que firmaram um compromisso no casamento. De fato, um dos melhores presentes que você pode dar para o seu marido em sua noite de núpcias é você. Hebreus 13:4 afirma que: "O casamento deve ser honrado por todos; o leito conjugal, conservado puro; pois Deus julgará os imorais e os adúlteros." Palavras de Deus, não minhas.

Infelizmente, o sexo antes do casamento prevalece tanto em nossa cultura contemporânea que algumas vezes as pessoas esquecem que Deus pretendia que essa expressão íntima do amor fosse reflexo de um relacionamento comprometido e eterno chamado casamento. E que não existisse fora dele. No contexto do casamento, é especial e incrível que, como o fogo em uma lareira, ele traga calor, conforto e alegria. No contexto errado, um fogo confortável que queima fora dos limites da lareira perde o controle e incendeia a casa, danificando a sua propriedade e destruindo a sua vida.

Se você já foi longe demais sexualmente, pode encontrar cura e perdão. Você pode se tornar o que uma mulher que conheço chama de "emocionalmente virgem". Fale sobre isso com Deus em oração. Confesse o que fez de errado e peça seu perdão. E o nosso Deus gracioso irá perdoá-la e fazê-la limpa e pura novamente. "O amor perdoa muitíssimos pecados" (1 Pedro 4:8).

LIMITES FÍSICOS E EMOCIONAIS

Alguns anos atrás, Scott Croft escreveu uma coluna para o site www.boundless.org, a revista eletrônica *Focus on the Family* [Foco na família] para solteiros. Nela ele falava sobre como a Palavra de Deus (em 1 Tessalonicenses 4:1-8) "admoesta-nos a não errar ou 'defraudar' o nosso irmão ou irmã implicando um nível de comprometimento marital (por meio do envolvimento sexual) quando ele não existe".[7] A passagem nos diz, entre outras coisas, para evitar a imoralidade sexual, controlar o nosso corpo de forma santa e honrada e não com luxúria apaixonada.

Muitas vezes, mulheres vêm até mim e dizem que se sentem muito mal (usadas, envergonhadas e magoadas) quando cedem às exigências sexuais de homens que não são seus maridos. Quer seja um namorado tentando impor seus limites ou só um rapaz com quem estão saindo, eles as estavam "defraudando" e não tratando-as como realmente mereciam ser tratadas — com amor, respeito e honra. Quando alguém a usa para o seu prazer egoísta, não importa qual o nível de intimidade física existente, está física e emocionalmente errado.

As pessoas podem magoar você com palavras ou com ações. É por isso que os limites são vitais em um namoro e nos relacionamentos — tanto os limites *físicos*, que implicam o quão longe você irá ou não sexualmente (para proteger o seu corpo), quanto os limites *emocionais* do que você irá ou não aceitar dos outros, no campo verbal e relacional (para proteger o seu coração).

Em seu clássico *Boundaries* [Pronto para se relacionar], Dr. Henry Cloud e Dr. John Townsend descrevem o dispositivo protetor como uma cerca: "Os limites nos ajudam a manter o bom dentro e o mal fora. Eles guardam nossos tesouros (Mateus 7:6) para que as pessoas não os roubem."[8] O seu coração é um tesouro, e o seu corpo também.

Guardar o seu coração significa que você não "brinca de casinha", agindo como se estivesse casada quando não está. Fazer isso pode ser muito doloroso quando você termina um relacionamento, pois os laços emocionais que criou precisarão ser cortados. Proteja o seu coração de lesões que não foi designada a receber.

Quais serão os limites no seu próximo relacionamento? Como você irá reforçá-los? Uma forma sensata é não ficar muito tempo sozinha e passar mais tempo em grupos ou com outras pessoas. Outra forma é saber os seus limites e ser firme em suas convicções anteriores.

TORNE-SE UMA MULHER DE AMOR

Uma mulher de amor faz escolhas mais inteligentes nos relacionamentos, pois ela ama a Deus, aos outros e a si mesma.

Amar-se significa que você pode *ser você mesma*, e não uma réplica exata do homem com quem está namorando. Você tem autorrespeito suficiente para não se humilhar quando ele diz que não quer mais sair com você. E diz "não" quando você realmente não quer passar seu tempo com um rapaz, em vez de enganá-lo tentando ser gentil. Você fala a verdade em amor (Efésios 4:15).

> Amar-se significa que você pode ser *você mesma*, e não uma réplica exata do homem com quem está namorando.

Amar aos outros começa com as palavras de Jesus: "Ame o seu próximo como a si mesmo" (Marcos 12:31). Como as mulheres, os homens precisam de afirmação, valorização e incentivo. Eles também recebem amor enquanto você os respeita e confia neles. Quer você termine namorando ou casando com um novo homem, ou apenas o vir algumas vezes, trate-o bem — da forma que você gostaria de ser tratada — com bondade, educação e perdão.

Ame a Deus o suficiente para ouvir o que ele diz, para segui-lo, e para pedir por sabedoria. Deixe que ele seja o primeiro a quem você recorra quando precisar tomar uma decisão. Ame-o o suficiente para confiar nele, porque ele realmente sabe o que está fazendo, mesmo quando nós não.

Torne-se uma mulher de fé

Maggie estava grávida de cinco meses quando o homem que amava a deixou. Solteira e sozinha, ela chorou diariamente por anos até que finalmente se deu conta de que Deus não queria que ela vivesse daquele jeito. "Por alguma razão", ela disse: "Deus nos resgata dos nossos desejos por razões que não conseguimos enxergar nem muito tempo depois. Você pode não refletir sobre o porquê e achar que é uma perda de tempo e energia. Temos de andar em frente e ter fé!" Maggie aprendeu a passar da parte superficial para a parte profunda da fé. Ela não molhou os dedos apenas, ela mergulhou inteira!

Fé é a total dependência naquele que é completamente confiável. "Saibam, portanto, que o Senhor, o seu Deus, é Deus; ele é o Deus fiel, que mantém a aliança e a bondade por mil gerações daqueles que o amam e obedecem aos seus mandamentos" (Deuteronômio 7:9).

"De uma maneira ou de outra", diz Susie Larson em *The Uncommon Woman* [Uma mulher extraordinária], "você é chamada para a fé — ao crescimento, à vitória, mesmo ao dizer "não sei se posso ter este tipo de fé". Mas quando você deposita todas as suas esperanças e sonhos nos braços do Deus das alturas, você o encontra fiel."[9]

Considere orar, agora mesmo, pelo homem que Deus tem preparado para você. Ore por esse relacionamento com o

Senhor para que, aquele que já foi escolhido por ele, seja um homem íntegro, de palavra, comunicativo, amável, afável enfim; com todas as qualidades de que você necessita. Peça a Deus para guiá-los rumo um ao outro — e quando vocês finalmente se encontrarem, que ele proteja e oriente o seu relacionamento.

Lembre-se: Deus tem boas coisas para você. A Palavra dele diz: "'Porque sou eu que conheço os planos que tenho para vocês', diz o Senhor, 'planos de fazê-los prosperar e não de lhes causar dano, planos de dar-lhes esperança e um futuro'" (Jeremias 29:11). Esperança é uma saudável expectativa. Quer a sua vida inclua um casamento quer não — apenas Deus sabe — você pode andar com fé, sabendo que ele tudo proverá para todas as suas necessidades.

Com o passar dos anos, aprendi que, quando uma relação termina, Deus não está *ocultando* algo de bom, ele está me *protegendo* e me salvando das escolhas erradas em relação aos homens.

Quando olho para trás, para alguns homens com quem me envolvi em relacionamentos que não deram certo, posso ver a mão protetora de Deus trabalhando. Apesar da minha tolice e ingenuidade, ele me protegeu do mal — e de me casar com a pessoa errada. Connor, por exemplo, era um homem bonito e trabalhador. Saí com ele algumas vezes, mas meses depois soube que ele havia cometido um crime do colarinho branco e estava a caminho da prisão.

Novos começos

Quando um amor termina, não é o fim de todo o amor em sua vida. É importante lembrar que existem muitos outros tipos de amor disponíveis além do amor de um homem.

Você talvez tenha perdido o amor de *eros* (amor romântico), mas ainda há pessoas na sua vida com quem pode dar e receber o amor *phileo* (amizade), como a família, amigos, colegas de trabalho, membros da igreja, pessoas em ministérios aos quais você pertence, grupos de *hobby* ou times esportivos, além de outros. Você também tem o amor *ágape* interminável de Deus. E isso é tudo.

Apesar da escuridão, a manhã sempre chega. Mesmo nos dias em que os raios de sol estão bloqueados pelas nuvens, eles estão lá. Você só não pode vê-los. Os obstáculos irão aparecer em sua vida amorosa também, e existirão dias em que você não conseguirá ver o caminho. Mas a verdade de Deus permanece imutável e incontestável, mesmo quando você não pode vê-la nem senti-la.

> Quando o amor termina, não é o final de todo o amor em sua vida.

Começos são consequências de términos. São mudanças e escolhas. Uma amiga inteligente me disse uma vez: "Tudo é uma escolha, então escolha sabiamente." As escolhas em seu futuro dependem de você. Com o poder e a presença de Deus, você pode andar em frente com fé e confiança. É um dia novinho em folha!

Oração

Senhor, obrigada pela luz do dia que me ajuda a enxergar a tua verdade. Eu venho até ti hoje com humildade, quebrantada e arrependida. Desculpe-me por ficar flertando com o erro e fazer escolhas tolas em meus relacionamentos românticos. Eu não quero viver uma vida de compromisso e tolice. Eu peço pelo teu perdão. Obrigada por tua graça me cobrir. Ela é completa e total, levando os pecados e a vergonha embora, além da mágoa e da dor. Preencha-me com o teu amor, conforto e com a tua cura. Ajude-me a viver hoje em liberdade e paz, por conta do que fizeste para mim. Tu poderias me ensinar como amar novamente e fazer escolhas mais saudáveis com relação ao sexo oposto? Mostre-me o que o amor verdadeiro é — o teu amor — e um dia, que esse amor se manifeste em um homem que tens reservado para mim, o meu alguém especial. Eu escolho confiar em ti. Em nome de Jesus, amém.

Luz para a jornada

Faça uma lista com os nomes daqueles com os quais você namorou, escrevendo o que gostava em cada um deles, o que não gostava e o que considera fazer de maneira diferente no seu próximo relacionamento. Por exemplo:
Theo — Gostava do estilo esportivo dele, pois gosto de esportes também. Não gostava do fato de que ele assistia a partidas de futebol o dia todo, em todos os finais de semana do campeonato. Preciso de alguém que seja mais equilibrado e faça coisas de que eu goste também.
Cody — Gostava quando conversávamos por horas e de como tínhamos tanto em comum. Não gostava do egoísmo que ele demonstrava e, muitas vezes, da sua falta de consideração. Desejo um homem que me honre, me respeite e me trate como uma mulher santificada.
James — Era atraída por ele fisicamente e também por sua profunda dedicação a Deus. Não gostei da falta de comprometimento comigo. Preciso de um homem que

deseje namorar com intenção de chegar a um casamento perene, e não apenas para "brincar de casinha".

2. Ouse imaginar que as coisas poderiam ser diferentes na sua vida de namoro. Pense e escreva coisas específicas que você deseja no seu próximo relacionamento (por exemplo: coisas que você fará, emoções que gostaria de viver, atividades que você pode imaginar realizando juntos, como um casal). Será apenas para você mesma, ninguém mais verá isso, então não busque perfeição. Por exemplo: "Eu me vejo feliz com a próxima pessoa que escolher para namorar. Nos vejo rindo muito. Nós falamos com facilidade sobre tudo, incluindo coisas espirituais, porque ambos temos senso de humor e gostamos de nos divertir." Ou: "Posso imaginar nós dois na cozinha, nos servindo juntos antes de nos reunirmos com a família e os amigos para nossa refeição de feriado. Ajudar aos outros é importante para mim."

Iluminação

1. Quais são as coisas que você aprendeu dos seus relacionamentos passados — quais coisas quer parar de fazer? Quais são as coisas a que você quer dar início? E quais delas você realizou bem?
2. Quais os traços essenciais a serem buscados em um relacionamento amoroso ou em um parceiro para o casamento?
3. Quais as qualidades específicas que você quer em um namorado ou marido potencial?
4. Por que os limites (físicos e emocionais) são tão importantes?

12. DIAS MAIS CLAROS VIRÃO: VIVENDO NA LUZ

"Vou dizer-lhe como o sol se levantou — um raio por vez."
EMILY DICKINSON

"Satisfaze-nos pela manhã com o teu amor leal, e todos os nossos dias cantaremos felizes."
SALMO 90:14

NÃO É BOM SABER QUE APÓS o dia sempre vem a noite? Que a felicidade gelada do inverno sempre abre caminho para o frescor da primavera? A alegria vem depois da tristeza. Você percorreu um longo caminho em sua jornada pela cura do seu coração partido, do término aos dias mais claros à frente.

Nas trevas, você estava se *libertando* — ficando de luto pelas perdas, curando a dor emocional e descobrindo o poder do perdão enquanto aprendia a experimentar o amor de Deus de maneira mais profunda.

No amanhecer, você estava se *renovando* — aprendendo a esperar convenientemente, a despertar a esperança e a restaurar a sua confiança e autoestima, sabendo também que sempre será digna de ser bem-amada.

Agora é dia, e você está se *restaurando* — acordando para o resto da sua vida, encontrando propósito e visão, e aprendendo a, da próxima vez, fazer escolhas saudáveis nos relacionamentos.

A cura está vindo pouco a pouco, e você não está mais tão afetada pelo término. Até o formato da sua vida está mudando. O poeta e médico Oliver Wendell Holmes uma vez disse: "A mente, uma vez expandida para as dimensões das ideias maiores, nunca retorna ao seu tamanho original." Eu acredito que o mesmo acontece com o amor verdadeiro. O coração, uma vez expandido para englobar a amplitude do amor, nunca mais é o mesmo.

Você mudou. E, assim como o recrescimento vem depois do fogo na floresta, a restauração vem depois de um término também. A ruína pode ser restaurada. O seu passado sempre será uma parte de quem você é; a história aconteceu. Mas enquanto você anda em frente pela fé, descobre novos companheiros, como a força interior e a alegria inesperada. A esperança se ergue. As coisas começam a ficar melhores.

> Mas você não está exatamente "voltando", você está indo em frente — da escuridão para a luz, da morte para a vida, do quebrantamento para uma plenitude maior, do medo para a coragem, e tantas outras coisas mais.

Surpreendentemente, o coração humano é bem flexível e resistente; ele tem a habilidde de voltar de dificuldades. Mas você não está exatamente "voltando", você está indo em frente — da escuridão para a luz, da morte para a vida, do quebrantamento para uma plenitude maior, do medo para a coragem, e tantas outras coisas mais. Deus sabe tudo sobre transformações. "Eu os guiarei", ele diz em Isaías 42:16: "Transformarei as trevas em luz diante deles e tornarei retos os lugares acidentados."

É A HORA DE VIVER NA LUZ

O que está bloqueando a luz na sua vida?

Andar na luz significa que você está escolhendo seguir Jesus Cristo, a Luz, com L maiúsculo. Ele é aquele que traz a verdade para os corações enganados e enegrecidos. Jesus disse: "Eu sou a luz do mundo. Quem me segue, nunca andará em trevas, mas terá a luz da vida" (João 8:12).

Quando recebemos Jesus em nossa vida, ele vive em nós para que nos tornemos mais como ele. Ele diz que *nós* precisamos fazer brilhar a luz — para sermos como Cristo, e compartilharmos a luz com o resto do mundo para que os outros possam louvar a Deus também:

> Vocês são a luz do mundo. Não se pode esconder uma cidade construída sobre um monte. E, também, ninguém acende uma candeia e a coloca debaixo de uma vasilha. Ao contrário, coloca-a no lugar apropriado, e assim ilumina a todos os que estão na casa. Assim brilhe a luz de vocês diante dos homens, para que vejam as suas boas obras e glorifiquem ao Pai de vocês, que está nos céus (Mateus 5:14-16).

Isso significa que somos perfeitas ou que nunca falhamos? Nem uma coisa nem outra. Deus sabe que somos humanas, ele nos criou. Isso significa que somos seguidoras de Cristo, fiéis da melhor forma que podemos ser às suas palavras e ações, com um coração voltado à obediência, à integridade e ao amor.

Contudo, às vezes, nos sentimos sem luz. Queremos ser como uma "cidade na montanha", mas algo ou alguém leva a nossa luz. Eles colocam uma tigela em cima do nosso brilho e nos impedem de brilhar.

O que nos impede de ser vitoriosas? O que bloqueia a luz em nossa vida?

Primeiro, nós sabemos que o maligno quer frustrar e despistar nossos planos e trazer a ruína total para nossa vida. Essa poderia ser uma parte do bloqueio. Outras coisas que podem bloquear o nosso esplendor são as coisas que escondemos, como o pecado (Isaías 29:15,16), motivos errados, medo, vergonha, sentimentos de desmerecimento, ignorância, ou nós estamos simplesmente obscurecidas em nosso próprio entendimento.

Uma das maiores armadilhas que nos faz tropeçar e nos mantém no escuro é a comparação. Eu ouvi mulheres invejosas lamentando o fato de que as amigas delas têm namorados ou maridos e elas não, e isso as mortifica. "Bem, ela já está no segundo casamento, e eu nunca sequer fui casada", elas podem dizer isso, ou "ela tem um marido e filhos e nunca teve de trabalhar fora de casa; eu sou solteira e trabalho o tempo todo — não é justo." Imaginar quando o amor virá para você é uma coisa, ter inveja de outra pessoa é outra.

Talvez você esteja tendo dificuldade em aceitar que este término realmente tenha ocorrido. Você quer que chegue aquele Dia, andando para frente com a sua vida e tendo esperança, mas você ainda está amarga e se segurando ao que "deveria ter". Diferente do jogo de tabuleiro, no Jogo da Vida, onde os caminhos giram em torno de eventos da vida como formaturas, trabalhos, casamentos, filhos e aposentadorias, você nunca terá o seu pequeno conversível vermelho cheio com um marido no banco ao lado do seu e um monte de filhos atrás.

Não importa qual a situação, Deus ainda é soberano. Só porque a estrada da vida real tomou um rumo diferente, não significa que Deus esqueceu você. Ele ainda está com você no caminho.

"O Senhor, que é soberano, não será impedido por um motivo danoso, por planos voluntariosos, ou pelos esquemas dos injustos. Ele governa o universo, e até usa o mal para realizar o seu plano", diz Dan Allender. "Mas a soberania de Deus não é um convite para a passividade. Em vez disso, é um chamado para a criatividade sábia e arriscada. Precisamos planejar, e ele nos conduzirá."[1] Deus pode usar qualquer coisa para colocar você no caminho certo e mantê-la lá, até mesmo um término.

Você quer viver na luz e ficar no caminho de Deus? Mas como?

COMO VIVER NA LUZ

Viver na luz não significa que no seu caminho só há a luz do sol e céus azuis todos os dias. Significa que se o seu dia for cheio de escuridão emocional ou alegremente calmo, você se mantém focada em frente, lendo e absorvendo a verdade de Deus na Palavra. Enquanto você faz, experimenta novos aspectos do caráter de Deus. A fé aumenta e, com o tempo, você começa a encontrar a vitória; você tem menos medo e está mais confiante. Você sabe que ficará bem com ou sem um homem na sua vida. Você acredita que Deus tem o poder de lidar com a sua dor e ajudá-la a fazer as escolhas mais sábias no amor.

Em vez de um coração enegrecido que quer andar para traz, você escolhe *andar para frente na fé*. Você sabe que tempos difíceis podem ocorrer novamente, mas você não os evita. Você passa por eles, sabendo que a luta irá fazê-la mais forte, construirá caráter e a levará a um passo mais perto de dias melhores.

Porque você já esteve em tempos escuros, em tempos difíceis, pode apreciar e celebrar os bons. "Não há vitória a não ser que uma batalha seja travada. Não há ninguém que supere algo a não ser que os obstáculos a estejam impedindo", diz Marsha Crockett em *Dancing in the Desert* [Dançando no deserto]. "Nós queremos a alegria da Páscoa sem a tristeza da sexta-feira da paixão." Ela continua: "Nós queremos a felicidade do Natal sem a manjedoura escura e molhada. Nós queremos o Bom Pastor, mas não o sacrifício do Cordeiro de Deus."[2]

Por causa da felicidade da Páscoa, podemos ter esperança. Para o mundo, uma vez escuro e morto, Jesus Cristo trouxe luz e vida. Efésios 5:8 diz: "Porque outrora vocês eram trevas, mas agora são luz no Senhor. Vivam como filhos da luz." Para viver como filha da luz você tem de:

Adiar a escuridão. Quando o maligno tenta tirar seu brilho e criar um apagão em sua vida, adie a escuridão. Mantenha a sua autoridade. Ore no poder do Espírito Santo. Energize-se! Com a armadura de Deus você pode não apenas ficar forte, mas avançar. Efésios 6:10-18 (grifo meu) diz:

> Finalmente, fortaleçam-se no Senhor e no seu forte poder. Vistam toda a armadura de Deus, para poderem ficar firmes contra as ciladas do Diabo, pois a nossa luta não é contra seres humanos, mas contra os poderes e autoridades, contra os dominadores deste mundo de trevas, contra as

forças espirituais do mal nas regiões celestiais. Por isso, vistam toda a armadura de Deus, para que possam resistir no dia mau e permanecer inabaláveis, depois de terem feito tudo. Assim, mantenham-se firmes, cingindo-se com o *cinto da verdade*, vestindo a *couraça da justiça* e tendo os pés calçados com a *prontidão do evangelho da paz*. Além disso, usem o *escudo da fé*, com o qual vocês poderão apagar todas as setas inflamadas do Maligno. Usem o *capacete da salvação* e a *espada do Espírito*, que é a palavra de Deus. Orem no Espírito em todas as ocasiões, com toda oração e súplica; tendo isso em mente, estejam atentos e perseverem na oração por todos os santos.

Foque para frente. Fique no caminho *em direção a Deus*, se movendo sempre para frente e confiando naquele que tem sido completamente fiel através do crepúsculo, noite, da madrugada e do dia. Muitas vezes acreditamos que nossa forma de pensar é a melhor, e que a Rodovia "Meu Jeito" é o caminho certo. Por orgulho, teimosia, ignorância atitudes egoístas, não vemos o sinal de "recue" de Deus — ou pior, passamos direto pelo aviso de "Estrada Fechada" — e terminamos em uma rua sem saída ou em uma batida. Provérbios 4:25-27 diz:

> Olhe sempre para a frente, mantenha o olhar fixo no que está adiante de você. Veja bem por onde anda, e os seus passos serão seguros. Não se desvie nem para a direita nem para a esquerda; afaste os seus pés da maldade.

Ame com extravagância. Quando você começa a absorver mais do amor incondicional de Deus por você, isso a habilita a se amar melhor e amar os outros. "Amem sinceramente uns aos outros e de todo o coração" (1 Pedro 1:22). Seja uma doadora e não uma ursupadora. Descubra o que faz a outra pessoa feliz e faça coisas especiais por ele — mesmo pequenas coisas.

Quando o conflito vem, se importe o suficiente para falar sobre os problemas e não os evite. Mostre e diga à outra pessoa como você se sente. Você pode dizer "eu te amo" com palavras e ações — por meio de um abraço ou demonstrando a sua atenção depois de um longo dia de trabalho. Um ato de gentileza gera ótimos resultados.

Felizmente, Gary Chapman compartilhou a sua sabedoria sobre como as pessoas expressam e recebem o amor de formas diferentes no seu bestseller *The Five Love Languages* [As cinco linguagens do amor]. Cada pessoa tem uma ou mais formas destes cinco formas de linguagens do amor — tipos de conhecer as necessidades emocionais mais profundas do outro: palavras de afirmação, qualidade de tempo, receber presentes, atos de serviço ou toque físico.[3] Conheça cada uma das suas necessidades, só então demonstre e receba amor da maneira que for mais significativa para você.

> Não importa qual seja o seu estado civil, você pode dividir o amor que tem com todas as pessoas, especialmente as necessitadas.

Os mandamentos de Deus de amar uns aos outros não estão reservados apenas para um homem especial na sua vida. Não importa qual seja o seu estado civil, você pode dividir o amor que tem com todas as pessoas, especialmente as necessitadas. Um homem que conheço carrega consigo cupons de presente para restaurantes de *fast-food* e quando vê um pedinte ele os dá. Ame brava e corajosamente.

Divida a sua luz com outras pessoas. Porque a luz de Cristo vive em você, você brilha, e pode dividir este brilho — a esperança — com outras pessoas que ainda estão na escuridão. Dividir a sua luz nem sempre significa que você terá de dividir a sua história de salvação — apesar de isso ser algo bom. Você também pode transmitir a luz de Cristo a outras pessoas quando mostra misericórdia, concede o perdão, e empresta um ouvido a alguém que está sozinho.

Não esconda a sua luz. Divida-a. Você pode ser uma mulher influente e de impacto, mesmo com o pouco que tem, da mesma forma que a luz de uma única vela pode fazer a diferença.

Talvez a sua igreja, como a nossa, tenha um momento em que se acendam as velas na noite de Natal, quando as luzes das casas são diminuídas e o pastor acende uma vela. Desta primeira vela, uma pessoa acende outra, e outra, até que finalmente todo o aposento estará repleto com o brilho quieto, ainda assim poderoso, de centenas de velas acesas.

Da mesma forma, a luz de uma só pessoa, quando compartilhada, pode iluminar o mundo — seja no seu bairro ou através do globo.

Celebre o que Deus fez por você. "Busquei o Senhor, e ele me respondeu; livrou-me de todos os meus temores. Os que olham para ele estão *radiantes* de alegria; seus rostos jamais mostrarão decepção" (Salmo 34:4, 5, grifo meu). Olhe o que Deus fez. A mudança está chegando; e chegou. Você pode não ver, mas muitas vezes outros podem; eles veem uma diferença na sua atitude enquanto você se distancia da terra da perda e entra no deleite de um novo dia. Você começa a ter um coração mais leve e um semblante mais ensolarado. Você parece estar mais feliz. Celebre tudo o que Deus fez por você nessa jornada. Regozije-se em Deus. Aproveite a sua vida.

Quando você aprende a viver na luz adiando a escuridão, focando em frente, amando com extravagância, dividindo a sua luz com outros e celebrando o que Deus fez com você, lembre-se de que esse caminho de vida continua. Ele leva ao seu futuro, e para outro dia — um sem fim.

Antecipe o grande dia

Não, não é o dia do seu casamento (apesar de que ele vai ser um dia importante na sua vida); o grande dia que está por vir é quando Jesus retornará e não haverá mais noite. Visualize isto: não haverá mais corações partidos, dor, medo, preocupações ou morte. "Ele enxugará dos seus olhos toda lágrima. Não haverá mais morte, nem tristeza, nem choro, nem dor, pois a antiga ordem já passou" (Apocalipse 21:4).

Não haverá mais escuridão. Quando esse dia chegar, você não precisará de uma luz-guia ou de uma lanterna para enxergar no escuro, nem mesmo do sol. "Não haverá mais noite. Eles não precisarão de luz de candeia, nem da luz do sol, pois o Senhor Deus os iluminará; e eles reinarão para todo o sempre" (Apocalipse 22:5).

Há um debate se isso irá acontecer em um único dia ou durante um período de tempo. O que sabemos é que, quando Jesus deixou a Terra, ele prometeu voltar. Ele está voltando. Essa é a nossa esperança; essa é a nossa sólida promessa. Que dia glorioso será quando virmos Jesus nas nuvens (Apocalipse 1:7), o Senhor Deus, aquele "que é, o que era e o que há de vir, o Todo-Poderoso" (Apocalipse 1:8).

A boa nova é que sabemos como a história termina. Deus vence; nós vencemos! No final, Deus faz tudo dar certo. Ele restaura e revela. Nós iremos ver claramente o rosto de Deus, não a imagem ambígua e distorcida que você vê quando o espelho do banheiro fica embaçado, mas claramente face a face.

> Agora, pois, vemos apenas um reflexo obscuro, como em espelho; mas, então, veremos face a face. Agora conheço em parte; então conhecerei plenamente, da mesma forma como sou plenamente conhecido (1 Coríntios 13:12).

Você pode imaginar? Plenamente conhecida e plenamente amada.

Você não precisa esperar até que o Senhor volte para a restauração de seu coração. Ele está até agora no processo de reconstrução e restauração do seu coração partido e dos sonhos despedaçados.

Tudo será restaurado. Um dia.

Até lá, viva na luz. E continue em frente.

Os melhores dias estão por vir

Para mim, é um mistério e um milagre como as pessoas se unem e permanecem unidas. Felizmente, o Deus que nós servimos é realmente bom em mistérios e milagres. E ele se supera em novos começos.

Através da sua jornada de cura do seu coração, você se tornou mais preparada, fortalecida e encorajada a seguir em frente na sua vida. Lembre-se do que você aprendeu nas trevas. A total dependência em Deus, dia e noite, noite e dia. Ele é o Deus da sabedoria ilimitada, da misericórdia gentil, do poder maravilhoso, e do amor infalível. "Que este Deus é o nosso Deus para todo o sempre; ele será o nosso guia até o fim" (Salmo 48:14). Os melhores dias estão por vir.

Lidere Senhor, lidere.

Oração

Senhor, obrigada por me guiar durante este término. Obrigada pela restauração. Nós andamos um longo caminho e estou muito grata. Eu quero viver na luz e ser mais parecida contigo. Retirarás o que quer que esteja bloqueando a luz de Cristo de brilhar mais forte em minha vida? Eu escolho andar para frente pela fé, em tua direção. Com alegre expectativa, anseio pelo dia em que irei vê-lo face a face. Que dia será! Preparada, fortalecida e encorajada, deixe que tua luz brilhe em mim para que possa ser uma mulher radiante diariamente. Em nome de Jesus, amém.

Iluminação

1. Pense na frase: "Não esqueça na luz o que você aprendeu nas trevas." O que ela significa para você?
2. Baseada na passagem de Mateus 5:14-16, o que parece estar ofuscando o brilho da luz em sua vida?
3. O que você pode fazer esta semana para "viver na luz"?
4. Porque Cristo vive em você, brilhe. Como você pode dividir a luz (a verdade e o *insight* que você recebeu) com outra pessoa para fazer a diferença na vida dela?

Notas

Capítulo 2: O limiar da tarde: conseguindo conforto e apoio
1. Alicia Britt Chole, *Anonymous: Jesus' Hidden Years... and Yours*, Franklin, Teen, Integrity Publishers, 2006, p. 61.
2. Eugene Peterson, *A Message of Comfort & Hope*, Nashville: J. Countryman, uma Divisão da Thomas Nelson, 2005, p. 80.
3. http:///www.columbia.edu/inc/cerc/seeu/bio2/restrict/modules/module09_content.html

Capítulo 3: O cair da noite: lamentando perdas
1. John W. James e Russell Friedman, *The Grief Recovery Handbook*, New York: Harper Perennial, uma divisão da HarperCollins Publishers, 1998, quarta capa.
2. Ibidem, p. 3.
3. Ibidem.
4. Gary R. Collins, Ph.D., *Christian Counseling: A Comprehensive Guide*, Dallas: Word Publishing, 1988, p. 351.
5. Ibidem, p. 350.
6. Tim Baker, *Broken*, Colorado Springs: NavPress, 2006, 142.
7. Ibidem.
8. Ibidem, p. 144.

Capítulo 4: A meia-noite: curando a dor emocional
1. Dr. Steve Stephens e Pam Vredevelt, *The Wounded Women*, Sisters, Ore.: Multnomah Publishers, 2006, p. 30.
2. Ibidem.
3. Ibidem.
4. John Eldredge. *Desire*, Nashville: Thomas Nelson, 2000 e 2007, p. 73.

Capítulo 5: Luzes noturnas: experimentando o amor de Deus
1. Anne Graham Lotz, *Why?*, Nashville: W Publishing Group, uma divisão da Thomas Nelson Publishers, 2004, p. 71.
2. C. J. Mahaney. *The Cross Centered Life*, Sisters, Ore.: Multnomah Publishers, Inc., 2002, p. 47.
3. Max Lucado, *Traveling Light Journal*, Nashville: W Publishing Group, uma divisão da Thomas Nelson, 2001, p. 31.

4. Jackie M. Johnson, *Power Prayers for Women*, Uhrichsville, Ohio: Barbour Publishing, 2007, p. 8.

Capítulo 6: Fora das sombras: descobrindo o poder do perdão
1. Henri J. M. Nouwen, *Life of the Beloved*, New York: The Crossroad Publishing Company, 1992, p. 61.
2. Neil T. Anderson, *Victory Over the Darkness*, Ventura, Calif.: Regal Books, 2000, Second Edition, p. 185.
3. Ibidem, p. 185.
4. Ibidem, p. 187.
5. Ibidem, p. 188.
6. Dan Allender e Tremper Longman III, *Bold Love*, Colorado Springs: Water Brook Press, 1999, p. 88.
7. C. D. Baker, 40 Loaves: *40 Loaves: Breaking Bread with Our Father Each Day*, Colorado Springs: WaterBrook Press, 2009, p. 145.
8. John Bevere, *The Bait of Satan*, Lake Mary, Fla.: Charisma House, 2004, p. 8.
9. Ibidem, p. 163.
10. Henry J. M. Nouwen, *The Return of the Prodigal Son*, New York: Image Books/Doubleday, 1992, p. 53.
11. Robert Jeffress, *When Forgiveness Doesn't Make Sense*, Colorado Springs: WaterBrook Press, 2000, p. 33.
12. Allender e Longman, *Bold Love*, p. 162.
13. Ibidem, p. 162-63.

Capítulo 7: Antes de o sol nascer: aprendendo a esperar bem
1. Jerome Daley, *When God Waits*, Colorado Springs: WaterBrook Press, 2005, p. 61.
2. http:///www.famousquotesandauthors.com/authors/e_m_bounds_ quotes html.
3. Mark Buchanan, *The Rest of God: Restoring Your Soul by Restoring Sabbath*, Nashville: W Publishing Group, uma divisão da Thomas Nelson, 2006, p. 61.
4. Dan B. Allender. *The Healing Path*, Colorado Springs: WaterBrook Press, 1999, p. 40.

Capítulo 8: Primeira luz: o acordar da esperança
1. Eugene H. Peterson, *A Message of Comfort and Hope*, Nashville: J. Countryman, Uma divisão da Thomas Nelson, 2005, p. 57.
2. Larry Crabb, *Shattered Dreams*, Colorado Springs: WaterBrook Press, 2001, p. 62.
3. Judith Couchman, *The Shadow of His Hand*, Colorado Springs: WaterBrook Press, 2002, p. 33.

Capítulo 9: Iluminação: restaurando a confiança e a autoestima
1. Jud Wilhite e Bill Taaffe, *Eyes Wide Open*, Colorado Springs: Multnomah Books, 2009, p. x.

2. Ibidem, p. xi.
3. Lisa Bevere, *The True Measure of a Woman*, LakeMary, Fla.: Charisma House, 1997, 2007, p. 118.
4. William Backus e Marie Chapian, *Telling Yourself the Truth*, Minneapolis: Bethany House Publishers, 1980, p. 21.
5. Neil T. Anderson, *The Bondage Breaker*, Eugene, Oregon: Harvest House Publishers, 2000, p. 51.
6. Ibidem, p. 51-52.
7. John e Stasi Eldredge, *Captivating*, Nashville: Thomas Nelson, 2005, p. 152.
8. Ibidem, p. 153
9. Nancy Leigh DeMoss, *Brokenness*, Chicago: Moody Publishers, 2002, p. 131.
10. Dr. Henry Cloud, *Changes That Heal*, Grand Rapids: Zondervan Publishing House, 1990, 1992, p. 45.
11. Ibidem, p. 110.

Capítulo 10: Surgir: Acordando para o resto de sua vida
1. Henry J. M. Nouwen, *The Return of the Prodigal Son*, New York: Image Books, 1994, p. 86.

Capítulo 11: Brilho: Tomando decisões mais saudáveis da próxima vez
1. Dr. Kevin Leman, *Pleasers*, Grand Rapids: Revell, 2006, p. 105.
2. *Fit To Be Tied*, Grand Rapids: Zondervan Publishing House, 1991. Os pensamentos dos autores, Bill e Linne Hybels, ajudaram-me na formação das ideias neste tópico.
3. Stephen Arterburn e Dr. Meg J. Rinck, *Finding Mr. Right* (Nashville: Thomas Nelson, 2001, p. 77.
4. Michelle McKinney Hammond e Joel A. Brooks Jr., *The Unspoken Rules of Love*, Colorado Springs: WaterBrook Press, 2003, p. 73.
5. Ibidem, p. 73
6. Bill e Lynne Hybels, *Fit To Be Tied*, p. 75.
7. Scott Croft, *Biblical Dating: Just Friends*, Boundless.org website, 2005, http://www.boundless.org/2005/articles/a0001475.cfm
8. Dr. Henry Cloud e Dr. John Townsend. *Boundaries*, Grand Rapids: Zondervan Publishing House, 1992, p. 31.
9. Susie Larson, *The Uncommon Woman*, Chicago: Moody Publishers, 2008, p. 166.

Capítulo 12: Dias mais claros virão: vivendo na luz
1. Dan B. Allender, *To Be Told*, Colorado Springs: WaterBrook Press, 2005, p. 113.
2. Marsha Crockett, *Dancing in the Desert*, Downer's Grove, Ill.: Inter Varsity Press, 2003, p. 109.
3. Gary Chapman, *The Five Love Languages*, Chicago: Northfield Publishing, 1992, 1995, 2010, p. 38. (www.5lovelanguages.com)

Agradecimentos

Escrever um livro é um esforço coletivo, e gostaria de agradecer de coração a:

- Joel Knedler, da Alive Communications, por sua orientação, seu discernimento e seu indispensável senso de humor.
- Steve Lyon e a equipe da Moody Publishers, pelo trabalho duro — habilidade e afabilidade — e a crença na mensagem deste livro na ajuda para curar corações e mudar vidas.
- Jocelyn Green, minha editora de desenvolvimento, cuja faca afiada da edição cortou a gordura do manuscrito, mas deixou o suficiente para ainda ter sabor. Você fez um excelente trabalho. Obrigada.
- Meus amigos, minha família e a equipe de oração do *Começar de novo...* pelo encorajamento, apoio, orações e atos de apoio (obrigada, Maria e Bobby) durante os meses em que escrevia. Eu não conseguiria sem vocês!
- Aos amigos que gentil e entusiasticamente leram rascunhos de capítulos e incentivaram-me para que fizesse este livro cada vez mais forte e melhor: Anne

Caddell, Judy Downing, Sue Eilertsen, Barbara Lynch, e Maribeth Sacho. Os esforços de vocês — e a amizade — são muito apreciados.

- A todos que contribuíram com suas histórias pessoais para este livro. Estou grata. Que as palavras comigo compartilhadas ajudem outras pessoas a serem encorajadas e inspiradas.
- Aquele que me ama soberanamente, Jesus Cristo: por abrir as portas, pelas boas ideias e por me sustentar durante términos e recomeços. *Que a sua presença esteja em cada página.*